6.

Du sollst zu Fuß unterwegs sein. Aber wenn ein freundlicher Mensch dir anbietet, dich kostenlos zu befördern, und es dich Mühe kosten würde, das Angebot auszuschlagen, sollst du auch nicht nein sagen.

7.

Du sollst alleine gehen. Aber wenn ein freundlicher Mensch sich dir anschließen möchte und du nicht nein sagen kannst, nötige ihn zumindest, einen Teil deines Gepäcks für dich zu tragen.

8.

Du sollst dreimal sieben Tage unterwegs sein oder so lange, bis die Sehnsucht nach deinen Lieben dich überwältigt.

9.

Wenn du keine Lieben hast, geh immer weiter.

10.

Weg von hier, das ist dein Ziel.

N&K

FLORIAN WERNER

Der Weg des geringsten Widerstands

Ein Wanderbuch

Nagel & Kimche

Für meinen Vater

1. Auflage 2018

Satz: Nadine Clemens, München
Umschlag: Hauptmann & Kompanie, Zürich,
unter Verwendung eines Fotos von

Druck und Bindung: Friedrich Pustet, Regensburg
ISBN 978-3-312-01095-0
Printed in Germany

MIX
Papier aus verantwortungsvollen Quellen
FSC® C014889
FSC
www.fsc.org

0

Die Geschichte der Reiseliteratur, ja der westlichen Kultur allgemein ist geprägt von dem steten Drang nach Höherem, Schnellerem, Weiterem. Wir streben notorisch nach Gipfeln, Geschwindigkeitsrekorden, Langstrecken; ja, wir glauben, dass der Weg zu Erfolg und Erlösung notwendigerweise steil, steinig und anstrengend sein müsse. Ganz gleich, ob Odysseus, Reinhold Messner oder Bilbo Beutlin: Alle großen Reisenden der Literaturgeschichte müssen sich erst enormen Strapazen aussetzen, müssen Meeresmonster besiegen, eisige Höhen überwinden oder Düsterwälder durchqueren, bevor sie schließlich glücklich und zufrieden – und idealerweise als verwandelte, bessere Menschen – nach Hause zurückkehren.

Der Pfad des Pilgers, so dekretierte einst der englische Prediger John Bunyan, soll entbehrungsreich und mühselig sein, sonst führt er nicht in den Himmel, sondern schnurstracks ins Verderben. Und auch die Reise des säkularen Menschen verläuft am besten bergauf und durch unwegsames Gelände: Wer es sich allzu bequem macht, gerät schnell in Verdacht, ein Pauschaltourist im eigenen Leben zu sein. Seit der Moderne, so der Philosoph Peter Sloterdijk, stehen wir unter beständiger «Vertikalspannung», gehorchen einem Imperativ zur Selbstverbesserung, der uns emporzerrt, nach immer neuen Sternen greifen lässt: «Wer Menschen sucht, wird Akrobaten finden.»

Im Sommer 2017 beschloss ich, diesen Imperativ, so innig er mir sonst auch vertraut sein mag, einmal außer Acht zu lassen. Statt mit vertikaler Spannung wollte ich es mit zielloser Gelassenheit versuchen. Ich wollte wandern – aber ich wollte nicht alle Dreitausender der Alpen besteigen, die EU-Außengrenze abschreiten oder den Rhein von der Mündung bis zur Quelle stromaufwärts schwimmen, sondern sämtliche Gipfel vermeiden und allen Hindernissen aus dem Weg gehen. Auf gar keinen Fall wollte ich über zurückgelegte Kilometer, Gehgeschwindigkeit, Schrittzahlen oder verbrannte Kalorien Buch führen. Allenfalls wollte ich über das Wandern selbst nachdenken. Kurz: Ich wollte den Weg des geringsten Widerstands gehen.

Natürlich war ich, bei aller Gelassenheit, gespannt: Wohin würde mein Weg mich führen? Wie würde das Gehen mein Schreiben und Denken beeinflussen, welche Assoziationen und Erinnerungen würde es zutage fördern? Wie würde sich, ohne Karte und konkretes Ziel vor Augen, meine Wahrnehmung von Zeit und Raum verändern? Würde mich mein Bruch mit dem Prinzip der Vertikalspannung in eine andere Seinsweise überführen? Was würde mein kaputtes Knie zu alledem sagen, was meine Frau und meine Kinder? Würde ich es überhaupt längere Zeit ohne sie aushalten? Wäre es nicht am widerstandslosesten, einfach zu Hause zu bleiben?

Am Freitag, den 7. Juli, verfasste ich ein kleines Manifest. Meine private Gesetzestafel, meinen persönlichen Dekalog; einen Zehn-Punkte-Plan, den ich bei meiner Wanderung befolgen wollte.

Am Samstag besorgte ich Blasenpflaster, Müsliriegel,

Schokolade, suchte ein paar Bücher zur Geschichte und Philosophie des Wanderns zusammen, lieh mir von einem Freund ein leichtes Zelt.

Am Sonntag packte ich meine Sachen.

Am Montag machte ich mich auf den Weg.

1

Was ich am ersten Tag auf dem Weg des geringsten Widerstands gelernt habe

1.
Der Weg des geringsten Widerstands ist nicht unbedingt auch der kürzeste.

2.
Im Gegenteil.

3.
Der Fotoautomat neben dem Kater Blau eignet sich bei Gewitter hervorragend zum Biwakieren.

4.
Ein Flaneur trägt keinen Rucksack.

5.
Im Zweifelsfall immer dem Wasser nach.

6.
Flussüberquerungen sind ein Problem.

Die ersten Meter sind einfach: zur Wohnungstür hinaus, nach rechts, tripp trapp die Trepp hinab, vier Stockwerke, insgesamt dreiundneunzig Stufen, und dann mit dem Schwung vom letzten Absatz zum Haus hinaus. Vorbei an den Briefkästen, unbesehen – warum sollte ich auch nach der Post schauen, wenn ich ohnehin in den kommenden

Wochen nicht dazukommen werde, sie zu beantworten, «ich kann keine Adresse zur Antwort geben», schrieb schon Arthur Rimbaud, «weil ich selbst nicht weiß, wo ich mich demnächst befinden werde und auf welchen Straßen ich dahin gelangen werde, und wo und warum und wie!» Genau.

Aber schon vor der Haustür halte ich inne. Mein Nachbar behauptete am Vortag, unser Haus stehe auf einer Wasserscheide, wir wohnten exakt auf dem Gipfel des Prenzlauer Bergs, nach rechts gehe es bergab nach Weißensee, nach links bergab zum Alexanderplatz (geradeaus ist keine Option, dort verläuft eine vierspurige Straße plus Schienenverkehr). Ich schließe die Augen, konzentriere mich auf das Vestibularorgan in meinem Innenohr – das Gefälle ist in beiden Richtungen kaum der Rede wert, aber mein Gleichgewichtssinn sagt: Die Neigung nach links ist ein wenig stärker.

Also nichts wie weiter, hinab ins Berliner Urstromtal. Der Fernsehturm reckt sich wie ein gigantischer Betonpoller in den Himmel, seine Spitze steckt in griesgrauen Wolken. An der ersten Straßenecke wende ich mich wieder nach links, eine minimale Neigung des Trottoirs gibt den Ausschlag. Ich habe mir heute Morgen in Vorbereitung der Wanderung die Füße pedikürt, die Zehennägel geschnitten und gefeilt, die Hornhaut von Ferse und Ballen geraspelt, zuerst mit der groben Körnung, dann mit dem Feinsandpapier: zum einen wegen des Gehkomforts, vor allem aber für verbesserte Oberflächensensibilität. Keine noch so geringe Unebenheit des Weges soll mir entgehen.

Erstaunliche Erkenntnis: Der Weg ist nicht nur abschüssig, fällt also in Gehrichtung nach vorn ab – er ist auch sachte seitwärts, zur Straße hin geneigt. Eigentlich logisch, korrigiere ich mich: So kann das Regenwasser vom Gehweg zum Rinnstein hin ablaufen. Erstaunlich ist eher die Tatsache, dass mir dieser Neigungswinkel, obwohl ich diesen Weg schon geschätzte zehntausendmal gegangen bin, noch nie zuvor aufgefallen ist.

Vor mir geht eine Frau mittleren Alters, über der Schulter ein Leinenbeutel, er ist mit dem Jugendwort des Jahres 2014 beschriftet: «Läuft bei dir.» Genau, denke ich: Ich gehe, wandere, laufe – noch nie fand ich den Ausdruck passender als heute. Ich spiele kurz mit dem Gedanken, der Frau und ihrem Beutel zu folgen, mir von ihr und diesem Slogan für die folgenden Minuten oder gar Stunden die Richtung vorgeben zu lassen – so wie der amerikanische Installationskünstler Vito Acconci, der 1969 im Rahmen seiner Performance *Following Piece* einen Monat lang wahllos fremde Fußgänger verfolgte, bis diese einen ihm nicht zugänglichen Ort betraten: *I keep following until that person enters a private place (home office etc.) where I can't get in …* Aber erstens würde dieses Prinzip vermutlich in kürzester Zeit mit meinen Regeln für den WdgW kollidieren. Zweitens erscheint mir ein solches Verfolgungsverhalten, gerade für einen Mann, heutzutage anstößig und riskant. Und drittens geht die Frau für meine beschwingte Schrittlänge einfach zu langsam.

Ich überhole sie, gehe zügig weiter in Richtung der nächsten Magistrale, der Greifswalder Straße. Meine größte Befürchtung: Ich könnte in meiner Aufbruchstimmung und meinem arg rustikalen Outfit (Wanderstiefel, Funktionskleidung, Zelt und Isomatte am 80-Liter-Tornister) einem Bekannten begegnen und ihm meine Maskerade erklären müssen. Meine allergrößte Befürchtung: Ich könnte meinem zweijährigen Sohn begegnen, den ich vor wenigen Stunden tränenreich verabschiedet habe und der gerade mit seiner Kitagruppe auf dem Weg zum Spielplatz oder Park ist – der WdgW führt geradewegs auf seine Kindertagesstätte zu. Wahrscheinlich würde ich sofort den Tornister fallen lassen, meinen Sohn schultern und zurück nach Hause laufen.

Wenige Schritte später, ich habe inzwischen die Greifswalder Straße erreicht, sehe ich ein Schild in einem Schaufenster: «Sie nehmen Abschied, wir kümmern uns um den Rest.» Ich bereue es kurz, für die emotionale Bredouille meines Aufbruchs nicht die Dienste dieses Fachgeschäfts in Anspruch genommen zu haben – da sehe ich, dass es sich um ein Bestattungsunternehmen handelt.

An einem Bankautomaten, der mir am Wegesrand seinen Scheinschlitz entgegenstreckt, hebe ich noch eine stille Bargeldreserve ab. Arroganz des Hauptstadtbewohners: die Sorge, außerhalb Berlins an keinem Geldautomaten mehr vorbeizukommen und nirgendwo mit Karte bezahlen zu können. Dabei wird es mutmaßlich noch Tage dauern, bis ich die Stadtgrenzen passiere. Ich deponiere die Scheine im wasserfesten Innenfach meines Rucksacks und stelle erfreut fest, dass ich liquider bin als angenommen: Aus irgendeiner mir nicht präsenten Quelle (ein lange säumiger Schuldner? Ein Reisezuschuss aus der schwarzen Kasse meines Verlags?) muss am Wochenende Phynanz auf mein Konto geflossen sein. Ich rechne nach und stelle fest, dass ich mit geschicktem Verhandeln und gewissenloser Ausschöpfung meines Dispokredits statt zu Wandern vermutlich auch mit dem nächsten Taxi in die

Toskana fahren könnte. Oder mich in dem schicken Hotelneubau auf der anderen Straßenseite einquartieren und die kommenden drei Wochen zwischen Wellnessbuffet und Whirlpool verbringen. Oder …

Ich versetze mir zur Maßregelung ein paar Schläge mit dem Teleskopwanderstock gegen den Hinterkopf, verjage die blasphemischen Gedanken. Der WdgW ruft.

Kurz vor dem Alexanderplatz kreuzt die Karl-Marx-Allee (ehemals Stalinallee) meinen Weg – eine wie auch immer geartete Straßenneigung ist beim besten Willen nicht mehr auszumachen: Offenbar habe ich hier, an dem großen, nach Osten führenden Prachtboulevard den tiefsten Punkt des Warschau-Berliner Urstromtals erreicht. § 3 Abs. 2 WdgW («Wenn der rechte Weg bergauf führt, gehe nach links») ist damit erst einmal obsolet, ich orientiere mich an minimalen Unebenheiten der Gehwegplatten, aber auch an meinem eigenen Bedürfnis nach Abgeschiedenheit und Ruhe und schlage mich am Haus der Gesundheit, das als einziges Vorkriegsgebäude den Bau der Stalinallee überlebt hat und deshalb in merkwürdig schrägem Winkel zum Straßenverlauf steht, abseits in die Büsche.

Oder besser: in das Dickicht der Plattenbauten. Mehr als 30 000 Menschen leben in diesem Kiez, und ich stelle nach kurzem Überlegen fest: Ich kenne keinen Einzigen von ihnen. Streng genommen kenne ich die ganze Gegend nicht, obwohl ich ein leidenschaftlicher Radfahrer und Spaziergänger bin und vor obskuren Abzweigungen, Abschweifungen und Umwegen sonst nicht zurückschrecke. «Ein ganz und gar neuer Ausblick ist eine große Freude», schreibt der amerikanische Wanderphilosoph Henry David Thoreau in seinem Essay «Vom Wandern», «und ich kann sie jeden Nachmittag erlangen. Ein Spaziergang von zwei oder drei Stunden führt mich in ein Land, das mir so fremd ist, wie es nur irgend sein kann.» Ich stelle perplex fest: Wofür Thoreau im ländlichen Massachusetts zwei bis drei Stunden brauchte, habe ich bereits in dreißig Minuten geschafft. Ich befinde mich in der völligen Fremde.

Auf einem überraschend ruhigen Platz hinter der Plattenbauriege begegne ich der bildschönen Bronzeplastik eines Feldhasen: lebensgroß, die Lauscher neugierig aufgerichtet, die Hinterläufe zum Sprung bereit. Ich werte das als gutes Omen (was könnte es für einen Wanderer Ermutigenderes geben als die Statue eines notorischen Läufers?), wie überhaupt mein Weg bisher ausnehmend glatt verläuft. Ich habe meinen Sohn nicht getroffen, habe Geld im Kontor und hatte bisher wie von Zauberhand eine Grünphase: Jede Ampel, der ich mich näherte, schaltete, auch wenn ich mein Schritttempo konsequent beibehielt, just in dem Moment, als ich den Fuß auf die Fahrbahn setzte, auf Gehen.

Doch kaum beginne ich, mein Glück zu preisen, als es zu regnen beginnt, ach was: Es schüttet, kübelt, kotzt – die migränegrauen Wolken hatten es schon vermuten lassen. Ich lege meine Regenmontur an und lasse mich auf Höhe des Kinos International über die Karl-Marx-Allee schwemmen.

Eine halbe Stunde später stehe ich an der Holzmarktbrücke vor dem legendären Elektroklub Kater Blau, es ist Montagmittag um halb zwölf, ein paar letzte verstrahlte Gäste wanken gerade ins Freie. Für einen Moment spiele ich mit dem Gedanken, dort einzukehren, mich aufzuwär-

Berliner Biwakschachtel

men – fühle mich für einen Klubbesuch dann aber doch ein wenig *underdressed*. Ich suche also stattdessen in dem mobilen Passbildautomaten Zuflucht, der neben dem Eingang zum Kater aufgebaut ist, schließe den verdunkelnden Plastikvorhang, klemme den Rucksack in die hintere, halbwegs trockene Ecke, kauere mich auf den klapprigen Metalldrehstuhl und beginne zu schreiben: *Die ersten Meter sind einfach …*

Der Regen prasselt auf das Blechdach, die nassen Klamotten müffeln vertraut: Vom Lärm der nahen Holzmarktstraße einmal abgesehen, könnte ich mich auch in einer Bothy in den Highlands oder einer Biwakschachtel in den Alpen befinden. Um meinen Aufenthalt in dem einen halben Quadratmeter großen Kabuff zu rechtfertigen, werfe ich zwei Euro in den Geldschlitz, es blitzt, kurze Zeit später kommt ein schwarzweißer Fotostreifen aus dem Ausgabeschlitz, den Umständen entsprechend sehe ich ganz gut gelaunt und optimistisch aus.

Der Vorteil an den Wassermassen: Wenn ich meine komplette Regenmontur anlege (Regenhose, Regenjacke, den riesigen Rucksackregenüberwurf), wird mein Tornister sofort gefühlt um die Hälfte leichter. Wenn man sein gesamtes Gepäck anziehen könnte, überlege ich, könnte man sich eigentlich den Rucksack sparen: das Zelt als Cape um den Körper geschlungen, die Isomatte um die Beine gewickelt, der Kochtopf als Hut … Mir scheint hier eine Marktlücke zu klaffen, die ein findiges Berliner Start-up-Unternehmen schleunigst schließen sollte.

Der Nachteil: Der Regen scheint meine innere Wasserwaage erheblich aus dem Gleichgewicht gebracht zu haben. Wie sonst wäre es zu erklären, dass ich, nachdem ich

Am Anfang

mich eingekleidet und meine Automatenbiwakschachtel verlassen habe, erst einmal eine halbe Stunde lang in grober Missachtung von § 3 Abs. 2 WdgW konsequent bergauf gehe? Sachte, zugegeben, aber doch stetig: Die Spree, die mir zur Rechten, auf der anderen Seite der East Side Gallery, entgegenfließt, ist der Beweis.

Nun, denke ich: Vielleicht ist auch nicht mein fehlerhafter Gleichgewichtssinn schuld, sondern eine unbewusste Sehnsucht nach Einsamkeit, die mich schnellstmöglich in östlicher Richtung aus der Stadt hinausführen will. Im Geiste sah ich mich schon der aufgehenden Sonne entgegen in Richtung Oderbruch marschieren. Ich mahne mich zu mehr Achtsamkeit und vervollständige meinen gestrengen WdgW-Regelkatalog um das

Amendment No. 1

Denke niemals über die nächste
Weggabelung hinaus! Vor allem,
wenn du die Umgebung gut kennst.

Reumütig kehre ich um und gehe wieder spreeabwärts – dorthin, woher ich gekommen bin.* Ich mäandere, nun sklavisch jeder noch so kleinen Bodenunebenheit folgend, durch die ehemalige Stralauer Vorstadt, wobei mir der frischgefallene Regen durch seine Fließ- und Sickerrichtung gute Dienste als Wegweiser leistet: immer dem Wasser nach! Im Eingangsbereich eines Edeka-Markts mache ich Rast und lege mich in einen abgewetzten Shiatsu-Sessel, bin aber zu geizig, das für eine elektrische Rückenmassage fällige Kleingeld einzuwerfen. Zwei Stunden und etliche Abwege später stehe ich, leidlich erschöpft und entnervt, wieder vor dem Kater Blau.

Ein schwächerer Charakter würde jetzt bei den herausdiffundierenden Klubkameraden ein paar Substanzen klarmachen, um zumindest die Seele zu massieren … aber nicht ich! Ich marschiere brav weiter, und an der Jannowitzbrücke weiß ich, dass ich alles richtig gemacht habe. Das hier beginnende historische Rolandsufer erfüllt nämlich aufs Vorbildlichste alle Kriterien, die ich an einen WdgW zu stellen habe: Der Boden ist gekiest, schmeichelt nach dem Asphaltgetrapse aufs Angenehmste den Füßen,

* In zehn Tagen, nachdem ich die chinesische Delegation getroffen und unter ihrem Einfluss das *Daodejing* des Laozi gelesen habe, werde ich meine Entscheidung philosophisch einzuordnen wissen: «Was macht die Wasser zu den Königen der Täler?», fragt der legendäre Philosoph darin und gibt sich selbst die Antwort: «Dass sie sich ihrem Fluss überlassen.» Zugegeben: Ich kann zu diesem Zeitpunkt noch nicht wissen, dass ich die Delegation treffen werde – aber es ist vorherbestimmt, so wie das Spreewasser in die Nordsee fließt.

und er verläuft abseits der Menschenmassen gemächlich flussabwärts.

Zumindest bis zum Mühlendamm – früher, wie der Name verrät, ein Flusswehr mit eingelassenen Wassermühlen, seit 1968 aber eine Spannbetonbrücke mit acht Fahrspuren, um sie zu überqueren, müsste ich eine Treppe besteigen. Eine Treppe von erheblicher brutalistischer Schönheit zwar, aber eben doch eine Treppe. Hinter mir geht es stromaufwärts, links von mir verläuft die Spree, rechts erhebt sich eine unüberwindliche Böschung, geradeaus geht es treppauf: Ich bin gefangen!

Nachdem ich eine Weile ratlos im Kreis herumgetigert bin, ergänze ich mein ehernes, aber offenbar noch nicht hundertprozentig ausgereiftes Regelwerk flugs um einen weiteren Verfassungszusatz, namentlich das

Amendment No. 2

Wenn dir von zwei möglichen Wegen beide Widerstand bieten – wähle jenen, den du noch nicht gegangen bist (vulgo: Geh nicht zurück)! *

Im süßen Bewusstsein, etwas eigentlich Verbotenes, ja Verruchtes zu tun, erklimme ich schnellen Schrittes die Treppe.

Ich wandere weiter, vorbei am erst 1987 wiedererrichteten Nikolaiviertel, dessen *campe* Kombination aus Plat-

* Nach dem legendären Esel, der verhungern musste, weil er sich nicht zwischen zwei Heuhaufen entscheiden konnte, nenne ich diese Regelergänzung auch: das Buridans-Esel-Vermeidungs-Amendment.

tenbauweise und mittelalterlichen Giebeln und Traufhöhen ich für einen der ganz großen, sträflich unterschätzten Höhepunkte der DDR-Nachkriegsbaukunst halte. Vorbei am halbfertigen Berliner Schloss, dessen albern-nackiger Betonkorpus noch darauf wartet, mit pseudoklassizistischem Zierat zugehängt zu werden. Vorbei am Dom, der nach dem Abriss des Palastes der Republik diesbezüglichen Unkenrufen zum Trotz dann doch nicht im Märkischen Sand versunken ist, vorbei am Monbijoupark, am Hackeschen Markt, am Berliner Ensemble – erst bei der Reichtumsuhr am Schiffbauerdamm bleibe ich stehen.

Auch sie war mir merkwürdigerweise bislang noch nie aufgefallen: Eine erste Zahlenkolonne zeigt, im Sekundentakt aktualisiert, das Nettovermögen der deutschen Privathaushalte an; auf einer weiteren Digitalanzeige sind die Schulden der öffentlichen Haushalte zu sehen; auf einer dritten das Vermögen der reichsten 0,1 Prozent der Bevölkerung. Aktuell beträgt das Nettovermögen der Deutschen etwa elfeinhalb Billionen Euro; das reichste Bevölkerungspromille besitzt davon über zwei Billionen, etwas mehr als die Schulden der öffentlichen Hand. Diese liegen aktuell bei 2 130 268 857 260 Euro, Tendenz fallend: Die Staatsverschuldung sinkt pro Sekunde um etwa 440 Euro. Ich fange an zu rechnen: Wie lange müsste ich hier im Regen stehen bleiben, bis die Schulden im Staatshaushalt getilgt sind? Nach einigem Hin und Her komme ich zu dem Schluss: gesetzt den Fall, die Einnahmen entwickelten sich weiterhin so positiv wie bisher, mehr als 153 Jahre. So lange kann ich nicht warten.

Das Spreeufer zwischen Reichstag und Hauptbahnhof ist so ausgestorben wie die Stadtlandschaft in einem dystopischen Science-Fiction-Film, wenn alle Menschen urplötzlich vom Erdboden verschwunden sind – und für einen Moment beschleicht mich der finstere Verdacht, es könnte tatsächlich seit meinem Aufbruch etwas Schreckliches passiert sein: nuklearer Fallout, Zombie-Apokalypse, Streik im öffentlichen Nahverkehr ... Ich habe ja schon seit Stunden nicht mehr auf mein Smartphone geschaut! Da sehe ich eine Gruppe von Fahrradtouristen. Keine Mutanten: Alles normal, offenbar liegt es am Wetter.

Grau in grau liegen die trostlosen Hotelneubauklötze zwischen Hauptbahnhof und Spree im Märkischen Sand herum, «ein Quartier, das nicht einmal Prostituierte anzieht», wie die *Berliner Zeitung* einmal treffend kommentierte. Ich muss, wie vorhin beim Anblick des Berliner Schloss-Neubaus, an die unsterblichen Zeilen des Sängers und Cheflyrikers der Gruppe Die Ärzte Farin Urlaub denken:

Dynamit
Wir verschönern unser Innenstadtgebiet
Dynamit
Architekturkritik, die man tatsächlich sieht.

Hier am Humboldthafen befand sich einst ein Munitionslager des preußischen Heeres. Vielleicht wäre es an der Zeit, es im Zuge der historischen Stadtrekonstruktion zurück ins Zentrum zu verlegen (und dann leichtfertig mit offenem Licht zu hantieren)?

Leider zeigen sich hier am Hafenbecken auch unerbittlich die Nachteile meines preußisch-rigiden Regelkatalogs: Um auf dem Uferweg bleiben und weiter geradeaus an der Spree wandern zu können, müsste ich eine Rampe erklimmen, was eine Steigung von gut und gern zehn Höhenmetern bedeuten würde. Der ebenmäßig verlaufende Uferweg hingegen – den ich als rechtschaffener Wanderer auf dem WdgW natürlich einschlage – führt mich weitab vom Schuss, erst nach rechts in einem großen Bogen um das Hafenbecken herum, dann durchs Ödland der angrenzenden Baustellen und schließlich, zwischen Absperrgittern hindurch, die mich unangenehm an die enger werdenden Wände aus Franz Kafkas Mäuse-Fabel erinnern («›Du musst nur die Laufrichtung ändern‹, sagte die Katze und fraß sie»), in die Gedärme des Berliner Hauptbahnhofs. Ein Blick auf die Bahnhofsuhr: Ich bin seit knapp fünf Stunden unterwegs – und eine fünfzehnminütige Straßenbahnfahrt von zu Hause entfernt.*

Ich muss sagen: Einen zwanzig Kilo schweren Rucksack durch Berlin-Mitte zu schleppen, verändert die Perspektive auf die eigene Heimatstadt gewaltig. Selbst der vertrauteste Weg erscheint plötzlich wie eine Abenteuertour. Als ich um drei Uhr nachmittags im Alten Zollpackhof auf ein Helles einkehre und meine nassen Sachen zum Trocknen an der Garderobe aufhänge, fühle ich mich wie bei der Brotzeit auf einer Almhütte.

Der Weg zwischen Lessing- und Hansabrücke – das etwas prosaisch benannte Bundesratufer sowie das an-

* Selbstermahnung: Denk nicht mal im Traum daran!

schließende Hansa-Ufer – war mir bisher unbekannt und entpuppt sich als eine der schönsten Uferpromenaden von ganz Berlin. Auf der gegenüberliegenden Seite der Spree erheben sich die grandios modernistischen Gebäude der Internationalen Bauausstellung von 1957, ich schreite beschwingt unter Kastanien und Essigbäumen einher, an denen sich Biber und Spechte zu schaffen machen, und überall haben die Stadtplaner lauschige Ecken mit Parkbänken eingerichtet, die zum Rauschmittelkonsum aufzufordern scheinen. Ein Muster zeichnet sich ab: Auf exakt jeder zweiten Bank sitzt eine Gruppe von drei männlichen Jugendlichen, der ganz links Sitzende baut jeweils einen Joint, die beiden anderen beschäftigen sich derweil mit ihren mobilen elektronischen Endgeräten. Warum ausgerechnet der Linke für die Bautätigkeit zuständig ist, bleibt unklar.

Klar wird mir hingegen, was mich an der Gruppe älterer Damen und Herrschaften, die eben im Zollpackhof am Tisch zu meiner Linken saßen, gleichermaßen irritiert und gerührt hat: Keiner der alten Leutchen benutzte ein Smartphone. Niemand hatte ein Telefon neben dem Bier liegen, niemand checkte während des Essens seine Mails, bekam einen Anruf, eine WhatsApp-Nachricht oder postete nebenher ein Foto von seiner Schweinshaxe. Der Gedanke, dass es solche Runden handyfreier Zusammenkünfte bald nicht mehr geben dürfte, erfüllt mich mit großer Wehmut. Die altehrwürdige Kulturtechnik des stundenlangen, stummen Beisammensitzens und Ins-Bier-Starrens dürfte, von ein paar entlegenen Berghütten ohne Netzempfang einmal abgesehen, im Aussterben begriffen sein.

In der Kleingartenkolonie Habsburg, im Schatten eines mächtigen Gaswerks, stoße ich auf den ersten literarischen Höhepunkt meiner Reise. An der Fassade des Vereinshauses erstreckt sich ein meterlanger Schriftzug, in weißer Farbe auf den braunen, tragenden Deckenbalken gepinselt, für mich jetzt schon ein Klassiker der assoziativen Poesie:

ERD REICH HIMMEL REICH HIMMEL BLAU
HALLO HANNA DER KAFFEE IST FERTIG UM
DREI GIBT ES BRATHERING UND BRAT-
KARTOFFELN BESSER IM SITZEN ALS LIEGEN
DAS UNKRAUT JÄTE ICH NICHT SO GERNE
OASE INSEL IN DER GROSS STADT

In ungefähr einer Woche, auf meinem Weg durch das Wendland, werden mir noch etliche solcher Spruchbalken begegnen – doch die Inschriften werden allesamt streng protestantisch sein, bei weitem nicht so lebensprall und diesseitsbejahend wie diese. Kaffee und Brathering! Ich sabbere vor Hunger auf den frischgemähten Rasen der Kleingartenkolonie, dann gehe ich hurtig weiter.

Je länger ich unterwegs bin, desto klarer wird mir: Flüsse und Kanäle stellen ein Problem dar. Denn um sie zu überqueren, muss man in der Regel eine Brücke benutzen; und das bedeutet Steigung, und das bedeutet Konflikte mit § 2 Art. 3 WdgW, siehe Brücke am Humboldthafen, siehe oben. Das führt leider dazu, dass ich im wasserstraßenreichen Nordwesten von Berlin eine geschlagene Stunde im Kreis herumlaufe, weil ich andauernd an eine Gewässergrenze stoße, und dann wieder an eine, und

Heckenweg

dann noch eine: Offensichtlich sind die Kanäle im Wedding von dem niederländischen Zeichner M.C. Escher entworfen worden, wie auf seiner Graphik *Wasserfall* geht es immer nur im Kreis.

Irgendwann, nach etlichen Schlaufen, gelingt es mir doch, aus diesem *Circulus vitiosus* auszubrechen: Ich gelange über eine bemerkenswert flache Brücke nach Westen, in ein bourgeoiseres Viertel. Als ich an einer Spezialtierarztpraxis für erkrankte Zierfische vorbeikomme, schließe ich messerscharf: Ich befinde mich nicht mehr im Arbeiterbezirk Wedding, sondern im schnieken Charlottenburg. Außerdem ist das erstbeste Bordell am Straßenrand nicht als «Thai-Massage» oder Ähnliches annonciert, sondern subtil durch zwei V-förmig nebeneinandermontierte rote Neonröhren gekennzeichnet. (Ich vermute zumindest stark, dass es sich um ein Bordell handelt; vielleicht handelt es sich auch um ein Spezialgeschäft für V-förmig nebeneinandermontierte rote Neonröhren.)

Auch das Charlottenburger Schloss, das ich passiere, könnte als Indiz dafür dienen, in welchem Bezirk ich mich befinde, aber ich würdige es kaum eines Blicks: erstens, weil ich im Lauf der Jahre schon etliche Male hier war, und zweitens, weil es schon wieder in Strömen regnet. Nur vor einem Fachgeschäft für Herrenhemden bleibe ich kurz stehen: Edle Hemden mit flamboyanten Dessins sind ein Modelaster, dem ich nur schwer widerstehen kann – doch schon nach wenigen Sekunden tritt der Inhaber in die Tür, deutet mit schwarzpädagogisch gerecktem Zeigefinger auf ein Schild, das an der Klinke baumelt: CLOSED, und wendet sich dann wieder einem Kunden zu. Enttäuscht, ja eingeschnappt wende ich mich ab.

Erst später wird mir klar, worin mein Fehler bestand: Ich muss in meinem quietschnassen Wanderer-Outfit ausgesehen haben wie ein dahergelaufener Tippelbruder – aber ich verhielt mich, zumindest für zehn selbstvergessene Sekunden, wie ein waschechter Flaneur. «Der Flaneur», schreibt Walter Benjamin, «sucht sich sein Asyl in der Menge (…) Die Menge ist der Schleier, durch den hindurch dem Flaneur die gewohnte Stadt als Phantasmagorie winkt.» Ziellos schweift er umher und saugt die Impressionen der Großstadt in sich auf, ohne dabei notwendigerweise an dem kapitalistischen Treiben teilzunehmen: Er ist ein moderner «Müßiggänger, wie ihn sich Sokrates als Gesprächspartner auf dem athenischen Markte auflas. Nur gibt es keinen Sokrates mehr, und so bleibt er unausgesprochen.»

Nun: Auch mir erscheint die gewohnte Stadt bereits angenehm phantasmagorisch, verseltsamt – doch kann mir die Menge kein Asyl bieten, ich steche in meinem Aufzug optisch zu stark heraus, um unerkannt durch die Straßen zu treiben und unverbindlich die Schaufenster und Auslagen zu betrachten. Und ein Müßiggänger bin ich auch nicht gerade – dazu habe ich, trotz des irreführend widerstandslosen Titels meines Wanderversuchs, heute schon zu viele Kilometer hinter mich gebracht. Das Verhältnis des Flaneurs zur modernen Großstadt ist ambivalent, allenfalls sachte subversiv, wie der französische Wanderphilosoph Frédéric Gros in einer Exegese von Benjamins Flaneurbegriff bemerkt – das Verhältnis des Wanderers zur Stadt und ihren luxuriösen Versuchungen hingegen sollte ein antagonistisches sein: «Der Tramp wie auch der Rucksackwanderer kehren der Zivilisation den Rücken und brechen mit ihr ganz oder zeitweise, wenn sie sich nicht sogar in einem Akt der Verweigerung gänzlich von ihr lossagen.» Die Worte sprechen mir aus dem Herzen: *No more flaneuring for me*. Es ist höchste Zeit, dass ich Berlin hinter mir lasse.

Ich irre weiter vage südwestwärts, durch sprühenden Regen, der untergehenden Sonne entgegen, die hin und wieder durch die Wassermassen linst: ein lauer Wärmeschimmer und Hoffnungsstrahl auf meinem regennassen Gesicht (vgl. § 3 Abs. 4 WdgW). Die Straße, in die ich als Nächstes einbiege, besteht ausschließlich aus Antiquitätengeschäften, ich sehne mich nach einem Quartier für die Nacht, sehe aber keine Pension weit und breit.

Der Teufel auf meiner linken Schulter: «Nimm einfach

das Handy raus, schau bei Google Maps nach, starte eine Hotel-App, mach irgendwas – aber lauf nicht länger blöd durch den Regen. Meine Fresse, es ist 2017!»

Der Engel auf meiner rechten Schulter: «Aber … das verstößt doch eindeutig gegen die Zehn Gebote!»

Der Teufel: «Zehn Gebote, Zehn Gebote! Was anderes fällt euch anal-retentiven Protestantenärschen mit eurem normativen …»

Der Engel: «Anal-reten-was?!»

Der Teufel: «In der Schule kein Latein gehabt, wa?»

Der Engel: «Entschuldigen Sie mal, Latein ist mein zweiter Vorname: Angelus Latinus Novus. Und seit wann sind wir per Du?»

Der Teufel: «Seit ich deine Mutter ge-»

Bämm! Zack! Ich entferne die metaphysischen Streithähne mit zwei gezielten Faustschlägen von ihrem Platz auf meiner Schulter, streiche mir das Regenwasser von der Glatze, setze meine vertrauenswürdigste Miene auf und betrete das nächste Antiquitätengeschäft. Aus der Tiefe des Raumes kommt mir die Inhaberin entgegengeeilt, offenbar besorgt um die antiken Gläser und Leuchter, die ich mit meinem überdimensionierten Rucksack abzuräumen im Begriff bin.

Die Inhaberin: «Sie wünschen?»

Ich: «Wissen Sie, ob es hier in der Nähe irgendwo eine Pension gibt?»

Die Inhaberin (schnippisch): «Keine Ahnung. Ich schlafe immer zu Hause.»

Ich (beschämt): «Ich normalerweise ja auch. Aber …»

Die Inhaberin: «Hamm'se keine Hotel-App?»

Ganz klar: Die Dame steht mit dem Teufel, der sich ge-

Fenster zum Hof

rade im Rinnstein vor der Tür aufrappelt und den Engel neben sich mit wüsten Flüchen belegt, im Bunde. Ich druckse ein wenig herum, murmle etwas von «technisch unbegabt» und «zu alt für so was» und verlasse im Rückwärtsgang das Etablissement.

Ich muss an den vor wenigen Monaten verstorbenen niederländischen Konzeptkünstler Stanley Brouwn denken, der sich in den sechziger Jahren von Passanten Wegbeschreibungen zu verschiedenen Orten in Amsterdam aufzeichnen ließ und die Skizzen später als Künstlerbücher veröffentlichte. Heute würde man mit der Bitte nach solchen Beschreibungen nur noch ungläubiges Kopfschütteln ernten. Hinterher könnte man allenfalls eine Liste der abschlägigen Antworten veröffentlichen, die man erhalten hat: Hamm'se kein Smartphone? Hamm'se kein Zuhause? Hamm'se nicht mehr alle Tassen im Schrank? Hamm' se, hamm'se, hamm'se.

Aber: «Wenn die Not am höchsten, ist die Rettung am nächsten», wie schon Mackie Messer in der *Dreigroschenoper* weiß: Keine zwei Straßenecken weiter stoße ich auf eine ganze Reihe von Pensionen, sie schießen wie Pilze bei warmem Regenwetter aus dem Boden. Ich entscheide mich für die schäbigste; hinter der Rezeption hängen fünf antikisierende Uhren aus Plastik an der Wand, sie zeigen die aktuelle Zeit in Berlin, London, Moskau, Tokio und New York – aber ich bezweifle, dass jemals Gäste aus London, Tokio oder New York den Weg hierher gefunden haben. Aus Moskau hingegen schon: Die Klitsche wird von einer sagenhaften russischen Wasserstoffperoxidbombe geführt, die sich über meinen Aufzug sowie alles, was ich sage, still zu amüsieren scheint – nur als ich versuche, einen Scherz zu machen, verwandelt sich ihre Mimik in die Totenmaske von Wladimir Iljitsch Lenin.

Mein Zimmer zum Hof hat einen Blick auf die gegenüberliegende Brandwand, der Patina nach zu schließen regierte, als sie zum letzten Mal gestrichen wurde, noch Kaiser Wilhelm II. Eine Studie in historischen Braun- und Ockertönen, für die Mark Rothko seine Palette hergegeben hätte. Ich lege mich ins Bett, schaue aus dem Fenster und sehe zu, wie die Brauntöne allmählich in Schwarz übergehen. Ich verdränge den Gedanken, dass es billiger gewesen wäre, ein Taxi nach Hause zu nehmen, als in dieser Kaschemme abzusteigen: Ich könnte jetzt in meinem Bett liegen, meine Frau neben mir, unser Zweijähriger eingemummelt dazwischen.

Um 23.58 Uhr empfängt mein Telefonino eine Textnachricht von meinem Freund Thomas, er wohnt nur wenige hundert Meter von meiner Wohnung entfernt: Wo ich denn sei? Er könne mich in einer halben Stunde mit dem Auto abholen und mir Übernachtung und Abendessen anbieten. Aber da schlafe ich schon wie ein Stein, der heute geschätzte fünfundzwanzig Kilometer gerollt ist. Viele davon im Kreis.

2

Was ich am zweiten Tag auf dem WdgW gelernt habe

1.
Moskitos sind schlimmer als Heimweh.

2.
Sonne und Erde stellen für den Wanderer auf dem WdgW zwei unvereinbare Vektoren dar: Der eine zieht ihn nach Süden, der andere nach Norden.

3.
Die Bäume im Grunewald lassen sich durchaus gerne umarmen. Am liebsten von anderen Bäumen.

4.
Wenn das Wasser nicht zu dir kommt – geh zum Wasser.

5.
Das Sympathische an Fröschen ist, dass sie zwar extrem laut, aber vollkommen ungefährlich sind.

Um Punkt sieben Uhr werde ich vom Lärm eines Rasenmähers geweckt, der baum- und strauchlose Innenhof verstärkt das Geräusch ins Infernalische. Ich gehe zum Fenster, beuge mich schlaftrunken hinaus. Tatsache: Knapp vier Meter unter mir steht ein Mann, Frühstückszigarette im Mundwinkel, und mäht den Parkplatz. Ohne

Scheiß: Er mäht die Spitzen der Grashalme, die es gewagt haben, wenige Millimeter über den Rand der Betongittersteine, mit denen der Hof gepflastert ist, hinauszuwachsen. Wo bin ich noch mal? Ach ja: Charlottenburg.

Um fünf nach sieben ist der Rasenmähermann mit seiner segensreichen Tätigkeit fertig, aber ich bin knallwach. Ich werde den bösen Verdacht nicht los, dass es sich bei dem grimmigen Mäher um den Gatten der wasserstoffblondierten Inhaberin handelt und er dazu angehalten ist, jeden Morgen als lebender Wecker den Innenhof zu beschallen, damit auch wirklich alle Gäste bis um zehn Uhr ihre Zimmer geräumt haben.

Als ich um kurz nach acht auf die Straße trete, scheint die Sonne, was zwar prinzipiell erfreulich ist, mich aber vor ein gänzlich neues WdgW-Dilemma stellt. Die Allee, an der die Pension liegt, verläuft ziemlich genau in ostwestlicher Richtung: Gehe ich nach Osten, der wärmenden Sonne entgegen (§ 3 Abs. 4 WdgW), laufe ich genau dorthin zurück, woher ich gestern gekommen bin – außerdem scheint mir aus dieser Richtung ein laues Lüftchen zu wehen. Ich bücke mich, nehme ein paar trockene Sommerlindenblüten vom Gehweg, werfe sie in die Luft. Tatsächlich: eine leichte Brise aus Südost.

Ich bemühe mich um einen Kompromiss: Ich überquere die Neue Kantstraße und gehe in südlicher Richtung, so dass ich die Morgensonne, wenn schon nicht im gesamten Antlitz, dann wenigstens auf meiner linken Wange habe – aber die erwähnte Brise drängt mich immer weiter nach rechts, Straßenecke um Straßenecke, bis ich aufgrund einer komplizierten Gemengelage aus Sonneneinstrahlung, Windrichtung, Straßenneigung, Oberflächenbeschaffen-

Am Scheideweg (1)

heit und Sachzwängen (Häuser im Weg, Straßenverlauf) wieder an meiner Ausgangsstraße angelangt bin. Die Sonne strahlt immer noch von Osten; der Wind weht aus ebenjener Richtung.

Ich vertraue mich ihm an und überschreite die nächstgelegene Autobahnbrücke in Richtung Westberliner Funkturm. Auf der anderen Seite der Straßenschlucht liegt der silberglänzende Aluminiumleib des Internationalen Congress Centrums wie ein gestrandeter Wal in der Sonne. Der vielbeschworene Berliner Volksmund kennt dem Vernehmen nach etliche Spitznamen für das 1979 eröffnete Gebäude: «Raumschiff», «Arche Noah», «Panzerkreuzer Charlottenburg», «Alu-Monster», aber alle Menschen, die ich kenne, sagen einfach «ICC» dazu.

Ich bin vom Anblick des ICC immer wieder gerührt: Zum einen, weil es bis zur Wiedervereinigung eins der ersten Gebäude war, das man erblickte, wenn man aus der

Bundesrepublik über die Transitautobahn nach Westberlin fuhr. Zum anderen, weil es einen so ungebrochenen Zukunftsoptimismus ausstrahlt, wie ich ihn sonst nur aus zweitklassigen Science-Fiction-Filmen der siebziger Jahre kenne: Er sieht so aus, *wie die Zukunft einmal hätte gewesen sein können*.

Ich frage mich: Ist es Zufall, dass dieses Monument der Futurfreude ausgerechnet hier, im tiefsten Westen der Stadt steht? Hat das nur etwas mit meteorologischen und sozioökonomischen Faktoren zu tun?* Oder verdankt sich die Lage des futuristischen ICCs auch einer städtebaulichen Metaphysik? Schließlich ist der Osten die Himmelsrichtung der Vergangenheit, jener Ort, wo die Sonne und die Heilsgeschichte ihren Anfang haben. Der Westen hingegen ist die Richtung der Zukunft: jene Spitze der Windrose, wo Sonne, Zivilisation und Weltgeschichte hinstreben. «Wir wenden uns nach Osten, um den Weg unserer Rasse zurückzuverfolgen, um in die Geschichte einzutauchen und Werke der Kunst und Literatur zu studieren», schreibt Henry David Thoreau. «Nach Westen dagegen wenden wir uns, um uns, beseelt von Unternehmungsgeist und Abenteuerlust, gleichsam in die Zukunft zu begeben.» Ich fühle mich beseelt, unternehmerisch, abenteuerlustig: Ich gehe weiter nach Westen.

Dazu muss ich allerdings erst einmal in den Untergrund. Der einzig gangbare Fußgängerweg mündet in die

* In europäischen Großstädten wohnten die Arbeiter traditionell im Ostend, weil atlantische Tiefausläufer dort die Industrieabgase hinpusten – die betuchteren Händler, Markt- und Messebesucher hingegen im klimatisch begünstigten Westend.

Unterführung Messedamm/Masurenallee, ein wundervoll orange gekacheltes Tunnelsystem mit riesigen kreisrunden Deckenleuchten, die aussehen, als könnte man sich durch sie direkt in eine andere Galaxie beamen lassen – nur der Uringeruch erinnert daran, dass man sich immer noch in der diesseitigen Welt aus Fleisch und Blut, Kohlen- und Harnstoff befindet.

Am Ende des Tunnels stehe ich am Scheideweg: Zwei Treppen führen wieder nach oben, beide gleich steil, beide gleich viele Stufen, beide gleich widerständig … Links oder rechts? Unschlüssig ziehe ich den Publikumsjoker, das heißt: Ich poste ein Foto der Weggabelung mit ebendieser Frage bei einem beliebten Sozialen Netzwerk. Schon nach wenigen Sekunden purzeln die Nachrichten ein:

Tobias: Links!

Stefanie: links.

Heike: aber links blendet die sonne.

Christian: Nicht ins Licht gehen!

Jan: Nach § 3 der WdgW kein Streitfall. Ganz klar links.

Ich: Entscheidung gefallen: ins Licht.

Christian: NEEEEEEIIIINNNNNNN!

Ein paar hundert Meter weiter südlich blitzt mir ein Bronzedenkmal entgegen, eine heroische Plastik namens *Motorradfahrer*, 1938/39 von dem Bildhauer Max Esser geschaffen, der sonst eher für seine gefühlvollen Tierdarstellungen im Berliner Zoo bekannt ist. Das Denkmal zeigt die legendären deutschen Motorrennfahrer der dreißiger Jahre Ewald Kluge und Ernst Jakob Henne: Die beiden legen sich mit ihrem ganzen Metallgewicht in die

Kurve, schmiegen sich an die Tanks ihrer Maschinen – und kommen doch keinen Millimeter voran. Geblendet von so viel vergilbtem Technikfetischismus flüchte ich waldwärts, aber meine Möglichkeiten sind begrenzt, auf allen Seiten bin ich von Straßen, Auffahrten, Ausfahrten umgeben, und als sich das Asphaltknäuel etwas entwirrt, finde ich mich hinter den alten Zuschauertribünen der AVUS wieder.

Der Name AVUS, das habe ich von meinem gelehrten Architektenfreund, dem Automobilitätsspezialisten Erik Wegerhoff gelernt, stammt von Kaiser Wilhelm Zwo persönlich und steht für «Automobil-Verkehrs- und Uebungsstrasse». Die Strecke, die den Berliner Westen mit Potsdam und dem Wannsee verbindet, wurde 1921 mit einem zweitägigen Rennen eröffnet und war die erste sogenannte «Nurautostraße», also eine Straße, auf der Pferdewagen, Radfahrer oder gar Fußgänger nichts mehr zu suchen hatten. Schnurgerade fräst sie sich kreuzungsfrei mit einer Breite von vierzig Metern durch den Grunewald, ist voll und ganz auf das Erreichen maximaler Geschwindigkeiten ausgerichtet und bildet damit die Blaupause für alle Autobahnbauten in Deutschland; man könne daher zu Recht behaupten, so Erik, «dass die Autobahn aus der Rennbahn, wenn nicht gar als Rennbahn entstanden ist». Wenn ich die vorbeisausenden Blechkisten zu meiner Linken betrachte, kann ich ihm nur recht geben – und bin gottfroh, zu Fuß unterwegs zu sein.

Abgeschirmt von Schallschutzwänden gehe ich parallel zu der alten Rennstrecke: Wer hier wohnt, soll vom Verkehr möglichst wenig hören – wer auf der anderen Seite fährt, will von der Umgebung möglichst wenig sehen. Der

Fahrer, schrieb ein früher Apologet des automobilen Geschwindigkeitsrauschs, werde «während der Fahrt nur wenig von der Landschaft genießen (...) Die Lenkung des Wagens und die daraus entspringende Lust nimmt seine Sinne und seinen Geist in dem Maße gefangen, dass er für die Umgebung kaum einen Blick behält.»

Auch ich nehme an Fahrt auf, mein Weg verläuft so stoisch schnurgerade wie die «Uebungsstrasse» zehn Meter zu meiner Linken. Rechts erstreckt sich eine hübsche Reihen- und Doppelhaussiedlung namens Eichkamp, nach dem Ersten Weltkrieg von Max Taut geplant und zusammen mit seinem Bruder Bruno und anderen Architekten in den zwanziger Jahren ausgeführt, schon damals in bester Lage an der Autobahn. Als ich an einem Gartentor ein Warnschild mit dem Konterfei eines Wildschweins sehe und die Bitte, das Gartentor wegen solcher unliebsamen Eindringlinge geschlossen zu halten, weiß ich, dass der Grunewald nicht mehr weit sein kann. Und siehe: Zehn Minuten später führt mich ein Weg nach rechts in die Botanik.

Im Grunewald hat der Wanderer auf dem WdgW die Qual der Wahl: Allenthalben führen samtweiche, mehr oder minder abschüssige Pfade in den lichten Forst. Wie bei vielen anderen Westberliner Waldflächen war nach dem Zweiten Weltkrieg, dem harten Winter 1946/47 und der Berlinblockade vom alten Baumbestand im Grunewald nicht mehr viel übrig; aufgeforstet wurde vor allem mit anspruchslosen und schnellwachsenden Kiefern, über die Hälfte des Waldes besteht daher aus siebzig Jahre alten Nadelbäumen. Schlecht für das Ökosystem – gut für den sonnenhungrigen Waldwanderer, flirrende Flecken tanzen auf meinem Weg.

Am Teufelssee, einem Paraderevier der Freikörperkulturfetischisten, halten trotz des eher kühlen Sommerwetters ein Dutzend männlicher Nudisten ihre Nudeln in die Sonne, der einzige Mann mit Badehose sitzt verschämt etwas abseits am Rand der Wiese. Der See ruft mir lockende Worte zu –

Der Teufelssee: «Schmeiß den Rucksack weg, mach dich nackig und tauch ein!»

– doch der Ruf des WdgW ist lauter: «Hör nicht auf den blöden See! Du musst weiter!»

Ich seufze, gehorche – aber je länger ich durch den Grunewald gehe, desto deutlicher spüre ich, dass (auch ohne die Stimme des Sees) zwei unterschiedliche und letztlich unvereinbare Vektoren an mir zerren. Der eine – die Sonne mit ihrem Lauf – zieht mich südwärts: Dort ist es wärmer. Der andere – die Erde mit ihrer Neigung – lockt mich unweigerlich nach Nordosten, in Richtung der norddeutschen Tiefebene: Dort ist es flacher. Schwer zu sagen, welche dieser beiden Kräfte, Himmel oder Erde, letztlich obsiegen wird.

Ohne lang nachzudenken (§ 5 WdgW), lasse ich meine Füße bald hierhin, bald dorthin trapsen und erreiche schließlich – den Schwung eines abschüssigen Pfades ausnutzend, um einen Gegenanstieg von wenigen Höhenmetern zu überwinden – die Havelhöhe, eine mächtige eiszeitliche Endmoräne. Ein Trampelpfad windet sich den schwindelerregenden Höhenzug (gut dreißig Meter über der Flussniederung!) entlang nach Süden und führt mich schließlich auf bequemem Steig hinab zur Havel und dort

Artenübergreifende Baumliebe im Grunewald

geradewegs auf die schwimmende Pontonterrasse des Restaurantschiffs *Alte Liebe* zu. Es ist Mittagszeit. Ich weiß, was ich zu tun habe.

Gesättigt, gestärkt, bereit, tausend Schritte zu tun, verlasse ich eine knappe Stunde später das Schiff. Ein fuß- und gelenkfreundlicher, dem Auge schmeichelnder Weg verläuft in rechtem Winkel zum Steg, immer die Havel entlang. Links führt er nach Norden, in Richtig Spandau – rechts nach Potsdam. Es ist zwar partout keine Fließrichtung auszumachen, aber ich weiß von früheren Grunewaldspaziergängen, dass sich ein paar Kilometer weiter südlich, etwas abseits im Wald versteckt, der sogenannte Selbstmörderfriedhof befindet, weil Suizidenten, die in Spandau in die Spree gesprungen sind, häufig an einer dortigen Landzunge angespült und dann in der Nähe ihres Fundorts bestattet wurden.* Also muss in dieser Richtung flussabwärts sein. Ich wende mich nach rechts.

Ein paar Kilometer weiter eine Tafel am Wegesrand, auf ihr ist das komplette Gedicht «Havelland» von Theodor Fontane abgedruckt, sämtliche sechsundsiebzig Verszeilen: Kaum vorstellbar, dass jemand tatsächlich stehen bleibt und sie alle liest (ich tue es). Das Gedicht besingt unter anderem das Schicksal des Slawenfürsten Jaxa von Köpenick, der hier im Jahr 1157 auf seiner Flucht vor Albrecht dem Bären durch die Havel geschwommen sein soll und sich danach demütig zum Christentum bekannte; die nahegelegene Landzunge gilt daher als Gründungsort der Mark Brandenburg. Spätestens in der vierten Strophe scheint den Dichter allerdings die Reimlust verlassen zu haben, jedenfalls macht er es sich lautlich gesehen verdammt einfach:

Und an dieses Teppichs blühendem Saum
All die lachenden Dörfer, ich zähle sie kaum:
Linow, Lindow,
Rhinow, Glindow,
Beetz und Gatow,

* Auch die von mir verehrte Velvet-Underground-Chanteuse Nico ruht dort, obwohl sie sich streng genommen nicht umgebracht, sondern nur allmählich durch Heroin zugrunde gerichtet hat.

Dreetz und Flatow,
Bamme, Damme, Kriele, Krielow,
Petzow, Retzow, Ferch am Schwielow
usw. usf.

Ja, denke ich: Natürlich enden fast alle brandenburgischen Dörfer auf -ow (pikanterweise ein sprachgeschichtliches Erbe der von Albrecht dem Bären vertriebenen Slawen!), genauso wie in Südwestdeutschland die meisten Ortsnamen auf -ingen enden. Aber, bei allem Respekt vor Theodor Fontane und den lachenden Dörfern der Mark Brandenburg: Hat je ein schwäbischer Dichter, sagen wir Friedrich Hölderlin, Verse in solch billiger Bauart gezimmert?

Und an des Neckars blühendem Saum
All die lachenden Dörfer, ich zähle sie kaum:
Nürtingen, Tübingen,
Bieringen, Kiebingen
Bempflingen, Reutlingen
Empfingen, Eutingen
Schwenningen, Villingen
Wendlingen, Fischingen
Wurmlingen, Ensingen
Und Neckartenzlingen …

Nein. Hat er nicht.*

* Eigentlich schade.

An der Halbinsel Schildhorn, wo die Wasserleichen angespült werden und der Slawenfürst Jaxa nur dank heftigem Beten dem Tod durch Ertrinken entkam, halte ich mich aus Aberglaube dem Wasser fern – aber an der nächsten Badestelle, dem Kuhhorn, das mir schon aufgrund seines Namens ausnehmend gut gefällt und auch sonst als Bucht eine Wucht ist, hält es mich nicht länger in den Stiefeln: Der WdgW führt stante pede raus aus den Klamotten und rin ins Jewässer.

Um zu erahnen, wie lange die Körper der Suizidanten auf ihrem Seeweg aus dem etwa sieben Kilometer entfernten Spandau bis zum Schildhorn unterwegs gewesen sein mögen, lege ich mich auf den Rücken, lasse mich treiben und die kühlen Fische durch mich schwimmen. Als ich mich ein paar Minuten später wieder aufrichte, um meine Position zu überprüfen, habe ich mich noch keinen Meter flussabwärts bewegt – dafür sehe ich gerade noch rechtzeitig, dass eine Yacht, an deren Steuer ein schätzungsweise acht Jahre alter Jungschnösel steht, genau auf mich zuhält. Die Yacht heißt, in ironischer Anverwandlung der Lizenz zum Töten des berühmtesten Geheimagenten Ihrer Majestät: *License to Chill*. Es würde nicht einer gewissen Ironie entbehren, denke ich, wenn ich ausgerechnet von einem Boot dieses Namens überfahren worden wäre; und zwar ausgerechnet, während ich gerade toter Mann mache. Ich schwimme schnell an Land.

Der weitere Weg an der Havel entlang ist dermaßen angenehm, dass man das Wort *geringst* noch weiter steigern müsste, um ihm auch nur annähernd gerecht zu werden. Der Weg des geringstestestesten Widerstands. Hyperlativ. Mächtige Stieleichen beschatten meinen Gang, und

Unzüchtige Gewächse am Wegesrand

alle paar Meter tun sich zu meiner Rechten regelrechte Südseebuchten auf, Zuckersand an perfekt temperiertem Badewasser.

Ja: In guten Momenten glaube ich, einen Vorgeschmack auf die Ewigkeit erhaschen zu dürfen. Ich habe das Gefühl, dass Vergangenheit, Gegenwart und Zukunft sich einander annähern, dass sie sich zusammenschieben wie tektonische Platten, bis sie exakt deckungsgleich sind. Ich erinnere mich an die Ereignisse des Vormittags – nehme gleichzeitig mit allen Sinnen den Sommermittag um mich herum wahr – und kann kaum die nächste Biegung, den nächsten Schritt erwarten. Für einen Augenblick meine ich zu verstehen, was der Phänomenologe Edmund Husserl meinte, als er von einer «Erfahrung der andauernden Gegenwart» sprach: Durch einen Akt der «Retention», so der Philosoph, flimmere im Geist noch als Kometenschweif nach, was man gerade erlebt hat; während zugleich, als

«Protention», am geistigen Horizont aufscheint, was in Kürze geschehen könnte. Anders gesagt: Der gegenwärtige Moment ist größer als er selbst, er wölbt sich nach vorne und hinten. Wie eine Melodie, die sich erst dadurch ergibt, dass verschiedene Noten aufeinanderfolgen und in ihrer Relation zueinander erkennbar sind, ist jeder meiner Schritte im Verhältnis zum vorhergehenden sowie zum nächsten bestimmt. Erst die Abfolge der Schritte, ihre Verkettung im Gehen, ergibt einen schier endlos erscheinenden Gang.

Doch schon wenige Minuten später, an der Insel Lindwerder, werde ich aus meinen Gedanken gerissen. Ein sagenhaft abschüssiger Weg führt nach rechts – gemäß § 3 Abs. 2 WdgW müsste ich ihn einschlagen, aber ich ahne, dass er mich wieder exakt hierher zurückführen würde: Selbst ein komplett Ortsfremder würde erkennen, dass es sich bei der «Insel» um eine Flusshalbinsel handelt und dass die schmale Landbrücke der einzige Zu- und Abgang ist. Flugs ergänze ich meinen Goldenen Regelkatalog um das

Amendment No. 3
Wenn du eine offensichtliche Sackgasse
vor dir hast: Geh nicht hinein!

– nehme mir aber zugleich vor, das Mittel der Zusatzartikelerlassung in Zukunft etwas sparsamer einzusetzen. Idealerweise wird das aber auch gar nicht nötig sein, da nun alle Eventualitäten durch die Zehn Gebote des WdgW sowie diese drei Amendments abgedeckt sind.

Oder?

Am Wannsee

Wenn mein Gehirn während des Wanderns unterbeschäftigt ist, behilft es sich erfahrungsgemäß, indem es Ohrwürmer in Endlosschleife produziert, oder indem es Sexphantasien generiert.* Dass es beides bislang brav unterlässt, werte ich als gutes Zeichen.

«Pack die Badehose ein / Nimm dein kleines Schwesterlein / Und dann geht es raus nach …»

Der gewölbte Deckel des Parasolpilzes, der hier allenthalben am Wegesrand wächst, sieht mit dem kleinen dunklen Nippel in der Mitte aus wie eine weibliche Brust.

* Zumindest Letzteres scheint ein altbekanntes Phänomen zu sein: «Meine süßen Traumbilder leisteten mir Gesellschaft», notierte schon Jean-Jacques Rousseau in den *Bekenntnissen* über seine Wanderungen als junger Mann, «und nie hat die Glut meiner Einbildungskraft reizendere erzeugt.»

Dass mir der alte Gassenhauer vom Wannsee in den Sinn kommt, ist leicht zu erklären: Schließlich bewege ich mich, wenn ich es richtig einschätze, mit Riesenschritten auf das legendäre Strandbad zu. Und: Der Deckel des Parasols sieht wirklich aus wie eine Brust. Nun ja: wie die Brust einer Frau, die an einer schweren Hautkrankheit leidet. Oder einige Tage nach ihrem Freitod am Ufer des Schildhorns angespült wird.

Gegen zehn Uhr abends schlage ich in einer einsamen, baumumstandenen Bucht mein Zelt auf. Ich gehe noch einmal in der nachtschwarzen Havel baden, schlüpfe frisch gewaschen in den Schlafsack, genieße die Ruhe und den phänomenalen Blick auf den Fluss.

Ein Biber schaut vorbei, sein breiter, schwarzer Schädel gleitet still durch das Wasser. Fledermäuse scheuchen die letzten Moskitos durch die Luft – vielleicht wünschen sie mir auch eine gute Nacht, aber ich kann sie nicht verstehen, sie kommunizieren auf einer Frequenz von zweihundert Kilohertz, das ist mir zu hoch. Dafür singen mir tausend Frösche ein Nachtlied.

Ein Knacken im Unterholz. Ein gutturales Geräusch. Ein Grunzen?

Ich muss an das Warnschild denken, das ich heute Morgen am Gartenzaun in der Siedlung Am Eichkamp gesehen habe. An meinen Weg durch den Grunewald, den streckenweise wie mit einer Egge durchwühlten Waldboden, an die Spuren von Klauen und Keilern und gierigen Schnauzen, die nach Nahrung suchen.

Hoffentlich gibt es hier keine Wildschweine.

Nächtlicher Gast (am Morgen danach)

2 ½

Was ich in der zweiten Nacht auf dem WdgW gelernt habe

1.
Doch, es gibt an der Havel sehr viele Wildschweine.

2.
Ja, sie sind nachtaktiv.

3.
Nein, es ist keine gute Idee, mitten in der Nacht zu googeln, ob sie manchmal auch Zelte angreifen.

4.
Wenn man im Dunkeln am Waldrand zufällig einem Wildschwein begegnet, läuft das Schwein grunzend weg.

5.
Der Mensch auch.

3

Was ich am dritten Tag auf dem WdgW gelernt habe

1.

Raschelndes Espenlaub im Wind klingt wie sachte einsetzender Regen. Sachte einsetzender Regen auf Espenlaub klingt wie sachte einsetzender Regen.

2.

Die gelben Blütenblätter der Nachtkerze sind bei Dunkelheit geöffnet, äußerst wohlschmeckend und ungiftig. Auch die Wurzeln sollen sehr lecker sein, man nennt sie daher den «Schinken des Waldes».

3.

Überhaupt gibt es nur fünf Blumenarten, die giftig sind, und keine von ihnen blüht gelb. Das behauptet zumindest meine diesbezügliche Gewährsfrau.

4.

Also: in Deutschland, ergänzt sie.

5.

Schierling, Schneeglöckchen, Eisenhut, Seidelbast, und die fünfte habe ich vergessen.

Trotz einer lautstarken Wildschweinzusammenrottung auf der anderen Seite der Zeltwand. Trotz der adrenalintreibenden Begegnung mit einem Tier, das ich, als ich nachts zum Pinkeln vors Zelt gehe, im Unterholz aufschrecke. Trotz einer intensiven Internetrecherche am Telefon, in deren Folge ich meine gesamten Nahrungsvorräte zusammensuche und irgendwo auf der anderen Seite der Lichtung, weit weg von meinem Zelt, deponiere, damit die hungrigen Wildschweine mich nicht angreifen. Trotz alledem muss ich irgendwann eingeschlafen sein und erwache am nächsten Morgen lebendig, erleichtert und erstaunlich erfrischt.

Als ich aus dem Zelt steige, sehe ich, dass eine Spinne zwischen meinen vor dem Eingang abgestellten Wanderstiefeln ein Netz gesponnen hat, filigran wie Zuckerwatte. Habe ich womöglich länger geschlafen, als ich dachte? Tage? Wochen?

Ich habe kaum gebadet, mich angezogen und das Zelt abgebaut, als auf dem nahegelegenen Waldweg lautlos ein weißer Kastenwagen heranrollt und hundert Meter von mir entfernt am Rande der Lichtung zum Stehen kommt. Drei Männer steigen aus, wie auf geheime Verabredung oder Weisung von oben tragen sie alle einen Schnurrbart. Ohne zu zögern, schnappt sich jeder von ihnen einen großen grauen Plastiksack, schlägt sich ins Unterholz und beginnt irgendetwas zu ernten, mit kräftigen Bewegungen reißen sie die Pflanzen aus dem Boden und stopfen sie in ihren Sack. Ich beobachte sie eine Weile, dann gehe ich zum vierten Schnurrbartträger; er saß zuvor am Steuer, nun ist er dem Wagen entstiegen, lehnt an der Motorhaube, sieht den anderen dreien unbewegt zu und raucht.

«Darf ich fragen: Was ernten Sie da?»

«Japanischer Staudenknöterich. Sehr invasiv.» Der Mann sagt, obwohl er Kleidung und Habitus nach zu urteilen eher aus einfachen Verhältnissen stammt, tatsächlich *invasiv*. Da er unsicher zu sein scheint, ob ich dieses Fremdwort auch verstehe, schiebt er als Erklärung hinterher: «Verbreitet sich seit ein paar Jahren wie verrückt.»

Oha, o ja, jetzt erkenne ich ihn! Der Japanische Staudenknöterich sprießt auch in unserem Garten, ganz hinten am Kompost. Er wächst bis zu dreißig Zentimeter am Tag, drückt Steine und Bodenplatten nach oben, pflanzt sich sowohl ober- als auch unterirdisch fort, also gleichermaßen durch Samen *und* Rhizome – und ich wäre nicht überrascht, wenn er auch laufen könnte. Der Japanische Staudenknöterich ist eine Pest; *invasiv* ist noch ein viel zu freundliches Fachwort für ihn.

«Entfernen Sie den nur hier, in dieser Bucht? Oder überall?» Ich lasse den Blick über die Weiten des Grunewalds schweifen, dreitausend Hektar Fläche. Ich muss an Herakles und die Reinigung der Augiasställe denken, an Sisyphos und seinen Stein: lauter Heroen, die gegen übermenschliche Widerstände ankämpfen mussten, ganz anders als ich.

Der Mann schnippt seine Zigarette auf den Boden, tritt entschlossen darauf, als wäre sie ein Knöterichgewächs: «Überall.»

Respekt.

Ich nicke, wünsche dem Mann viel Erfolg – und als ich zurück zu meinem Rucksack gehe, sitzt auf dem Baumstamm, an den ich mein Gepäck gelehnt habe, eine alte Frau. Keine Ahnung, wo sie hergekommen ist.

«Was ernten denn die Männer da drüben?», will sie von mir wissen, freundlich, aber bestimmt.

«Japanischer Staudenknöterich», sage ich. «Sehr invasiv.»

«Ah», sagt sie. «Ich dachte: Ambrosia.»

«Am-brosia?», frage ich verdattert. «Sie meinen, so wie die Speise der griechischen Götter: Nektar und ... das wächst hier?»

Die Alte schaut mich mit Lotophagenaugen an, als hätte sie mehr von mir erwartet; als wäre ich blind für das Offensichtliche. «Aber natürlich. Überall.»

Ich schweige betreten, beschämt.

«Und, wohin gehen Sie?», fragt die Alte, um die peinliche Stille zu überbrücken.

Ich hebe die Schultern, solange ich kein Gepäck auf dem Rücken trage, ist gut Schulterzucken. «Keine Ahnung. Wohin der Weg mich führt.»

«Aha», sagt die Alte wissend. «Zur Glienicker Brücke.»

Ich starre sie an. Erst das Spinnennetz, dann die herakleischen Waldarbeiter, jetzt eine Lotophagin, die meine Zukunft zu kennen glaubt: Allmählich wird mir diese Waldlichtung unheimlich. Ich nicke vage, murmle etwas Unverbindliches, schultere meinen Rucksack und mache mich auf den Weg. Zu meiner Rechten rudert in Ufernähe ein Vierer vorbei; das Riemengeräusch hört sich an wie ein quiekendes Wildschwein.

Der weitere Weg an der Havel verläuft so geschmeidig, schattig und steigungsarm wie am Nachmittag zuvor – aber heute fällt er mir schwer. Meine Schultern schmerzen, die linke Hüfte tut mir weh, die Oberschenkelmuskeln sind verhärtet, mein linkes Knie macht Probleme … ja, eigentlich verhalten sich nur meine Füße einigermaßen kooperativ.

Die körperlichen Schmerzen erinnern mich unsanft an einen inneren Widerspruch meines Projekts, ein Paradox, auf das mich etliche Freunde im Vorfeld meiner Wanderung süffisant hingewiesen haben: den Weg des geringsten Widerstands gehen? Wäre es nicht am unwiderständigsten, du würdest zu Hause bleiben, den Zug nehmen oder dich in der nächstbesten Wellnessoase einquartieren, Wachkoma mit Vollpension? Das Zelt im Schrank deponieren und deine vermeintlichen Erlebnisse zwischen Sauna und Shiatsu-Massage bei einem Fläschchen Courvoisier ins Notizbuch fabulieren?

Offenbar handelt es sich bei dem von mir erdachten Verfahren um eine besonders protestantisch-asketische Form, Widerständen aus dem Weg zu gehen: Um den WdgW zu beschreiten, muss ich Widerstände überwinden, Schmerzen, inneren Schweinehunden (und äußeren Wildschweinen) trotzen. Allerdings, so pflegte ich meine besserwisserischen Freunde zu belehren, sei ich schon so lange mit der Idee für diese Tour schwanger gegangen, dass ich erhebliche innere Widerstände hätte überwinden müssen, um diesen Weg *nicht* zu beschreiten. «Es gibt eine Art von Wanderlust, die nur durch tatsächliche körperliche Bewegung gestillt werden kann», schreibt die Autorin Rebecca Solnit: «Die Fortbewegung mit Auto, Schiff oder Flugzeug kann kein Ersatz dafür sein. Die körperliche Bewegung, zusammen mit den wechselnden Eindrücken, bewirkt offenbar, dass auch der Geist sich bewegt, und das macht das Wandern so vielfältig und unendlich fruchtbar.

Es ist gleichzeitig Mittel und Zweck, der Weg und das Ziel.»

Ich folge im Weiteren der ehemaligen deutsch-deutschen Grenze: Sie verlief etwa hundert Meter rechts von mir, mitten durch die Havel, die sich hier zum Jungfernsee verbreitert. Am anderen Ufer schimmert rotweiß die Sacrower Heilandskirche mit ihrem romanischen Arkadengang und ihrem pseudomediterranen Campanile, und für einen Moment kommt es mir vor, als wäre ich bereits in Italien.* Die Kirche lag ab 1961 im Niemandsland zwischen Ost und West, die DDR-Sperranlagen verliefen direkt über das Kirchengelände – erst am 24. Dezember 1989 wurde hier wieder ein Gottesdienst gefeiert.

Je näher ich der Glienicker Brücke komme, jener legendären «Brücke der Spione», von der die Lotophagin sprach, desto stärker bin ich von der Phantasmagorie beherrscht, dass ich zu einem Agentenaustausch unterwegs bin. Dass ich dort ausgewechselt werden soll, aber nicht durch einen Spion des Warschauer Pakts, sondern durch eine bessere Version meiner selbst, die mir auf der Brücke entgegenkommen wird: einen Doppelgänger, äußerlich wie ich, aber fehlerfrei und frisch rasiert. Er wird mir im Vorübergehen knapp zunicken und dann meine Schritte der vergangenen achtundvierzig Stunden zurückverfolgen, durch den Grunewald, spreeaufwärts bis zur Warschauer Brücke und dann auf verschlungenem Weg nach Nordosten, bis er vor meiner Haustür steht.

* *Bereits?* Woher will ich wissen, dass mich mein Weg jemals italienwärts führen wird?

«Papi! Bist du schon zurück?»

«Jaja, das Heimweh, der Regen, wie schön, euch zu sehen», wird mein Doppelgänger improvisieren, und meine Frau und Kinder werden sich wundern, wie gut mir die paar Tage unterwegs doch getan haben, wie ich mich verändert habe in der kurzen Zeit, und es wird besser sein, mein altes Selbst hält sich in Zukunft von der Familie fern.

Aber es kommt nicht dazu. Als ich wenig später tatsächlich auf die Glienicker Brücke stoße, führt ein ausnehmend harter, asphaltierter Weg zu jenem Übergang, wo am 11. Februar 1986 zum letzten Mal Agenten ausgetauscht wurden, empor, mindestens fünf Höhenmeter Steigung – ein deutlich bequemerer, ebenerdiger Trampelpfad hingegen führt rechts am Brückenpfeiler vorbei. Ich setze also keinen Fuß auf die Brücke, unterquere sie stattdessen und folge weiter der Havel abwärts. Als ich die andere Seite der Brücke erreicht habe, blicke ich verstohlen nach oben, sehe aber niemanden, keinen Agenten, keinen Doppelgänger – nur einen gigantischen Kentauren aus Sandstein (Stephan Walter, 1908), seinen idealisiert definierten Rücken, seine kräftigen Knie, steinharte Adduktoren; ich wünsche mir seine unverwüstliche Physis und gehe weiter.

Ich erreiche den alten Bade- und Ausflugsort Klein-Glienicke, wo ich erst einmal eine geraume Weile lang an einem Entwässerungsgraben mit unklarer Fließrichtung auf- und abwandere – dann formuliere ich entschlossen ein weiteres Amendment und gelange mit einem beherzten Befreiungsschritt ans Ufer des angrenzenden Griebnitzsees.

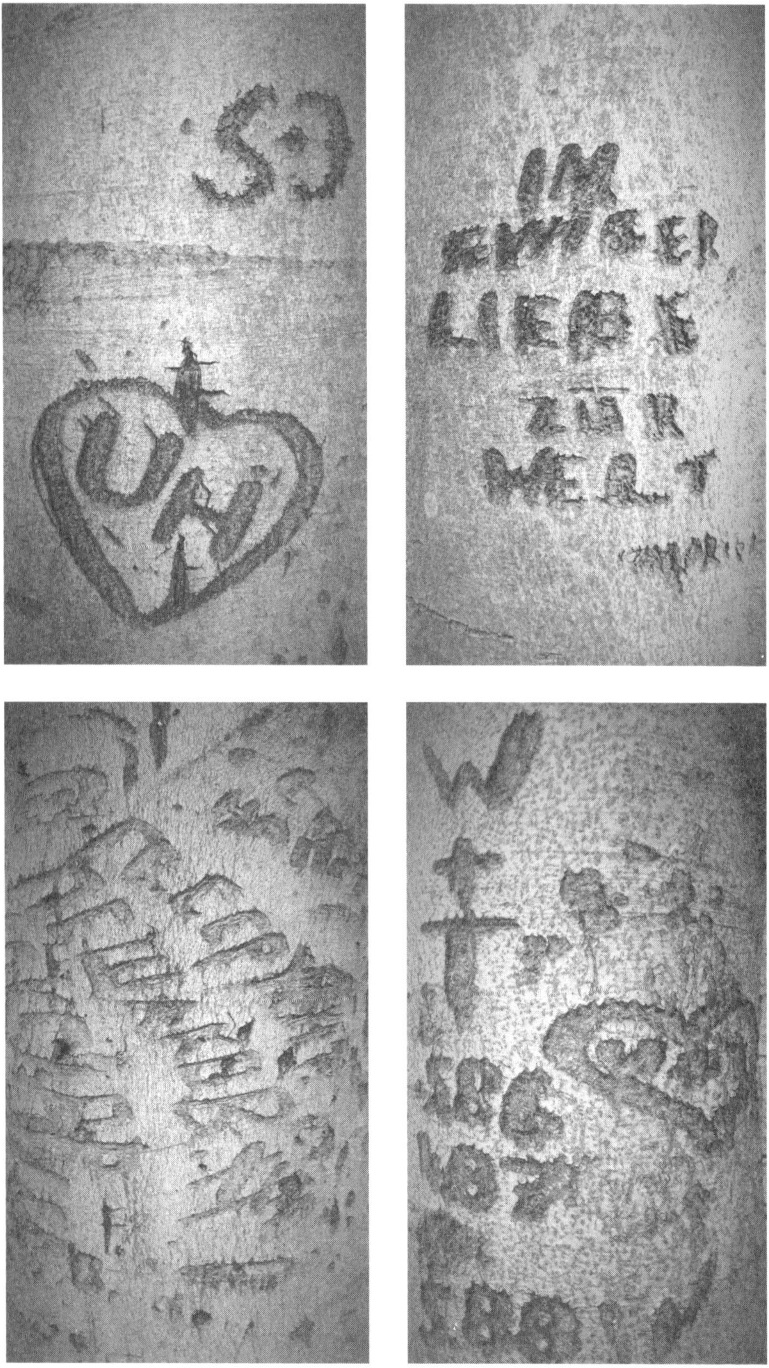

Das Archiv der Liebe

Amendment No. 4

Du sollst nicht mehr als einmal im Kreis laufen. Wenn du trotz vorbildlichen Befolgens der §§ WdgW an einen früheren Punkt deiner Wanderung zurückkehren musstest: Brich aus!

Der Griebnitzsee ist ein typischer eiszeitlicher Rinnensee, also sehr schmal und sehr länglich, und ich folge mehrere Kilometer dem Weg an seinem Ufer, immer in Spuckweite zur gegenüberliegenden Seeseite. Die Strecke führt durch eine alte Buchenallee, und in beinahe jeden der mächtigen Bäume wurde, wie ich feststelle, im Lauf des letzten Jahrhunderts eine Botschaft geritzt: Buchenrinde eignet sich für solche Körpermodifikationen besonders gut, da sie glatt ist wie Pergamentpapier und die Schnitzereien während des Baumwachstums allmählich aufgehen wie eine Schmucknarbe.

Ich entdecke die Initialen meines Vaters, er wurde ganz in der Nähe von hier, in Babelsberg, geboren: Sollte er sich als Bub vor siebzig Jahren hier verewigt haben? Ich entdecke eine Forderung nach Frieden in Vietnam. Ich entdecke Inschriften in kyrillischer Schrift, ich meine Ленин und Россия entziffern zu können, sehe auch eine Swastika, die Baumhaut sieht aus, als wäre sie mit Kugeln übersät, an manchen Stellen stecken die Projektile noch in der aufgedunsenen Borke. Bei den weitaus meisten Inschriften handelt es sich jedoch, wie zu erwarten, um Liebeserklärungen:

T + S

B + T

H + S

C + H 54

I love Norbert 1975

Ω

IN EWIGER LIEBE ZUR WELT

HH I.V.LXV

W + T 5.86

4.87

5.88

Ich frage mich: Sind C + H nach all den Jahren noch zusammen – oder sind sie getrennt, geschieden, gar nicht mehr am Leben? Warum sind W + T von 1986 bis 1988 jedes Jahr im Frühling zu dieser einen Silberbuche gepilgert, haben in mühevoller Kleinarbeit ihre Initialen, Monat und Jahr in die Rinde geritzt – und danach nicht mehr? Was macht eigentlich der Norbert? Und vor allem: Schnitzt heute, im Zeitalter von SMS, WhatsApp und Snapchat, eigentlich noch irgendwer solche in die Tiefenzeit zielenden Botschaften in die Wälder? Ist die Flüchtigkeit einer digitalen Botschaft womöglich der Liebe mit all ihren Unwägbarkeiten viel angemessener als ein solches Streben nach Ewigkeit, nach Überdauerung des eigenen Liebens und Lebens in der Haut eines Baumes?

Was wird mit diesem gewaltigen Archiv der Liebe geschehen, wenn die Buchen einmal abgeholzt sind?

Ich gehe weiter und preise den Uferweg, versorgt er mich doch nicht nur mit Lesestoff, sondern gibt mir, zumindest

Am Scheideweg (2)

vorübergehend, auch eine klare Richtung vor. Am Ende des Griebnitzsees angekommen, gehe ich dieser Orientierung aber leider verlustig; ich irrlichtere eine Weile durch das Neureichenghetto am nahen Stölpchensee, verlaufe mich in ein angrenzendes Wäldchen, gelange wieder an einen Scheideweg, eine Gabelung quasi gleichwertiger Pfade – aber da auf dem rechten ein Ast querliegt, der einen minimalen Hürdensprung erfordern würde, entscheide ich mich für den linken.

«Wie nennt man eigentlich einen Weg, der sich nicht ‹scheidet›?», fragt mein Freund Thomas per Funk mit suggestivem Unterton. «Einen ‹Dödelweg› vielleicht?»

Nein, werter Thomas: Einen Weg, der sich nicht scheidet, nennt man ganz einfach «Weg».

Nach etwa einer Stunde, die ich im Regen durch Wald-, Scheide- und Dödelwege geirrt bin, finde ich mich schließlich am Ufer eines sehr schmalen, sehr länglichen Gewässers wieder: ein typischer eiszeitlicher Rinnensee … wie mir nach einem Blick auf das gegenüberliegende, von mächtigen Silberbuchen gesäumte Ufer klarwird, muss es sich wieder um den Griebnitzsee handeln, diesmal um seine «Ost»-Seite (geographisch gesehen handelt es sich wohl eher um das Südufer, aber dieses lag früher auf dem Gebiet der DDR).

Schnell wird mir klar, dass hier ein anderer Wind weht: Nach wenigen hundert Metern endet der öffentliche Weg an einem massiven Metallzaun, dahinter steht dunkel eine übermannshohe, blickdichte Thujahecke – seit zehn Jahren tobt hier, wie ich einem Schild entnehme, ein Rechtsstreit zwischen der örtlichen Stadtverordnetenversammlung, die einen allgemein öffentlichen Zugang zum See bewahren möchte, und den ansässigen Villenbesitzern, die das Ufer für sich allein beanspruchen. Wo bis 1989 ein Grenzzaun den Weg zum Wasser versperrte, besorgt dies nun ein Schutzwall aus Lebensbäumen. Was der Sozialismus konnte, kann der Kapitalismus schon lange.

Als ich den Weg – zwangsläufig – zurückgehe, passiere ich zunächst ein Kunstwerk des «weltberühmten Berliner Mauerkünstlers» Kiddy Citny, das auf Initiative eines Anrainers hier aufgestellt wurde: Drei Originalteile der Mauer sind «im Arrangement eines aufbrechenden Paravents» (so der kuratorische Begleittext) aufgestellt, darauf sind in kindlichem Strich knallbunte Motive zu sehen, für die der Begriff Naive Kunst noch zu hoch gegriffen scheint: Herzchen, Sternchen, Prinzessinnen mit Krönchen. Die Krone der Albernheit ist freilich: An dieser Stelle stand bis 1990 überhaupt keine Mauer, nur ein Zaun –

die Betonelemente wurden eigens durch eine Baufirma aus dem zwanzig Kilometer entfernten Teltow hierhertransportiert.

Ein paar hundert Meter weiter stoße ich auf eine Straße, die in eine brandneue Wohnanlage mit hochpreisigen Stadtvillen führt, ihr offizieller Name ist, für Brandenburg eher ungewöhnlich, italienisch und lautet allen Ernstes *via Tilia,* zu Deutsch: «Lindenstraße». Passt wie der Arsch auf den Terrakotta-Eimer: Klingt mediterran-mondän, ist aber so brav und kleinkariert wie eine ARD-Vorabendserie. Ich frage mich: Ist hier irgendwas im Trinkwasser?

In gerechtem antikapitalistischen Zorn biege ich in die Karl-Marx-Straße ein, eine schnurgerade, schmucke Allee, links und rechts von bourgeoisen Villen und stattlichen Lindenbäumen gesäumt. Schon klar, wo die vermögendsten 0,1 Prozent der Bevölkerung, von denen vorgestern die Reichtumsuhr in Berlin kündete, ihre Billionen verklappen; der arme Karl würde sich den Bart raufen. Nur ein paar vereinzelte, leidlich aufgepimpte Ost-Bungalows erinnern noch daran, dass ich mich auf dem Gebiet der ehemaligen DDR befinde; außerdem eine Gedenktafel am Haus Nr. 27:

IN DIESEM HAUSE WOHNTE
WÄHREND DER VERHANDLUNGEN
DER ALLIIERTEN
ZUM POTSDAMER ABKOMMEN
VOM 17. JULI BIS 2. AUGUST 1945
DIE SOWJETISCHE DELEGATION
UNTER DER LEITUNG
VON J.W. STALIN

Ironie der Geschichte: Heute befindet sich hier der Hauptsitz des Verbands der Bauindustrie Berlin-Brandenburg.

Nach etwa zwei Kilometern neigt sich die Karl-Marx-Straße sachte abwärts und führt mich an ein größeres Gewässer. Es handelt sich, wie mich eine ältere Dame mit Hündchen informiert, um die nordwestliche Ecke des Griebnitzsees, eines eiszeitlichen Rinnensees, der … Ich werfe einen Blick übers Wasser: Tatsache. Ich befinde mich fast genau an derselben Stelle, wo ich vor fünf Stunden meine Gewässerumrundung begonnen habe; nur eine etwa zwanzig Meter lange und fünf Meter hohe Brücke trennt mich von meinem Ausgangsort. Ich seufze, raufe mir den regennassen Fusselbart. Die Geschichte wiederholt sich, wie der Namensgeber der Straße, auf der ich mich befinde, einmal bemerkte: «das eine Mal als große Tragödie, das andre Mal als lumpige Farce».

4

Was ich am vierten Tag auf dem WdgW gelernt habe

1.
Die Straßen in Babelsberg sind so breit, damit die Tuchmacher auf ihnen ihre Ware ausbreiten konnten.

2.
Von den siebentausendfünfhundert Maulbeerbäumen, die Friedrich der Große einst zur Seidenraupenbeglückung anpflanzen ließ, ist nur noch ein einziger am Leben.

3.
Von der Lieferantenzufahrtsseite der Bahnhofspassagen aus gesehen ist Potsdam gar nicht mal so schön.

4.
Auch sonst kann das ganze historisierende Preußengeprotze, zumindest wenn man zwei Tage lang mehr oder weniger im Kreis daran vorbei oder darum herum gelaufen ist, ziemlich nerven.

5.
Zum Glück gibt es § 6 Abs. 2 WdgW. Gebenedeit sei der weise Gesetzgeber, der diesen Paragraphen ersann und ihn sinnfällig zwischen § 5 und § 7 plazierte. In einer tristen Ecke am südwestlichen Ende von Potsdam, dort wo alle unwiderständigen Fußwege enden, werde ich ihm ein Denkmal errichten.

6.

Also mir.

7.

Anhaltinische Motorradrocker glauben offenbar, dass «Eisernes Kreuz» auf Englisch «Iron Cruise» heißt. Aber wer wäre so verrückt, sie zu korrigieren?

13.50 Uhr. Ich sitze in der Kunstledersofaecke eines Schnellfressrestaurants mit Autobahnanschluss in der Nähe von Magdeburg und schlinge heißhungrig die zweite Portion Pommes hinunter, dazu einen vegetarischen Burger und Cola. Mein Frühstück; *the breakfast of champions*. Vor einer guten Stunde war ich noch in Potsdam. Zugegeben, der hiesige Autohof kann es architektonisch und atmosphärisch nicht ganz mit der ehemaligen preußischen Residenzstadt aufnehmen – trotzdem bin ich gottfroh, von dort weg zu sein.

Dabei hatte der Tag so gut begonnen. Zunächst ließ ich mich weiter am Wasser entlang durch den von Peter-Joseph Lenné und Hermann von Pückler-Muskau gestalteten Babelsberger Park treiben. Der Zweitgenannte war mir bislang vor allem durch die gefürchtete «Fürst-Pückler-Eisschnitte» ein Begriff, eine klebrige Kombination aus Schokoladen-, Vanille- und Erdbeereis, bevorzugt zwischen zwei pappigen Waffelhälften serviert – hier hat er sehr passable Landschaftsgestaltung betrieben. Die Sichtachsen des Parks sollen sehr schön sein, doch ich habe nur Augen für die in der Morgensonne funkelnde Havel.

Zu meiner Rechten gleitet ein Drachenboot vorüber, die Insassen grüßen freundlich, wie Galeerensklaven sitzen

Potsdamer Sehenswürdigkeiten (1): das Stadtschloss

sie in Reih und Glied und stechen ihre Paddel im Gleichmaß ins Wasser, während ein im Bug sitzender Paukist den Ton angibt, bumm, bumm, bumm. Ich gleiche mich ihrem Rhythmus an, merke: Wenn ich auf jeden Paukenschlag drei Schritte mache, muss ich mein Gehtempo nur unwesentlich erhöhen, um im Takt zu bleiben. Triolisch-beschwingt marschiere ich durch den Park, umrunde den namensgebenden Babelsberg und erreiche schließlich Potsdam.

Leider sendet die brandenburgische Landeshauptstadt dem Wanderer auf dem WdgW sehr gemischte Signale entgegen: Der Uferweg ist in seinem weiteren Verlauf durch ein Luxusbauvorhaben versperrt – das scheint in dieser Gegend so Usus zu sein. Der Weg zurück führt mich erst unter einer pieselig riechenden Betonbrücke hindurch, wo zwei Nazis stehen und angeln, dann weiter auf die Rückseite einer riesigen Mall: die sogenannten Bahnhofspassagen. Von den weltberühmten Bauwerken der ehemaligen Residenzstadt sehe ich nur Die Lieferanteneinfahrt, Das Rolltor und Die Europalettentürme.

Ich irre weiter zwischen Großbaustellen und Bahngleisen umher und beschließe endlich, Straßenneigungswinkel, Bodenbeschaffenheit und Wind außer Acht zu lassen und mich nur noch auf die Sonne zu konzentrieren, die gelegentlich hinter der Wolkendecke hervorschielt (§ 3 Abs. 4 WdgW). Unter ihrer Ägide entferne ich mich immer weiter vom Stadtzentrum, marschiere auf einem Prachtboulevard namens Die Müllgesäumte Ausfallstraße nach Süden, bis mein Weg schließlich an einer Autobahnauffahrt endet. Kein Links, kein Rechts, kein Vorwärts. Kein WdgW nirgends.

Potsdamer Sehenswürdigkeiten (2): St. Nikolai und sein Begleiter

Gerne zitiere ich in solchen Situationen die berühmten Zeilen aus der Hymne «Patmos» von Friedrich Hölderlin: «Wo aber Gefahr ist», sage ich laut, «wächst / Das Rettende …» Weiter komme ich nicht – denn da Worte bekanntlich magische Kraft haben, hält genau in diesem Augenblick neben mir an der Auffahrt ein blauer Opel. Und weil ich vermutlich hinreichend verzweifelt dreinschaue, rollt der Fahrer unvorsichtigerweise sein Fenster herunter und fragt: «Wohin willst du?» Und ich antworte: «Egal.» (§ 6 Abs. 2 WdgW)

Alex, so heißt der freundliche Opel-Pilot, ist Wagenmeister bei der Deutschen Bahn und pendelt jeden Tag zwischen Babelsberg und Magdeburg, wo die Deutsche Bahn einen großen Rangierbahnhof betreibt. Eigentlich ist er von Haus aus Veranstaltungstechniker und ein kunstsinniger Mensch, arbeitete jahrelang für ein Potsdamer Off-Theater, machte sich selbständig – aber dann gab es Probleme mit der Steuer, dann ging die Beziehung mit der Mutter seines Sohns in die Brüche, also ging Alex zum Arbeitsamt, wollte Lokführer werden, was aber leider nicht ging, weil er, wie sich herausstellte, eine Rot-Grün-Schwäche hat, also wurde er Wagenmeister. Nun fährt er jeden Tag die hundert Kilometer nach Westen und zurück, seine Schicht beginnt um zwei Uhr nachmittags und endet um Viertel vor zwei in der Nacht.

Ich bin begeistert: Seit einer ausgedehnten Eisenbahntour durch Rumänien bin ich großer Fan aller Wagenmeister, da die wackeren rumänischen *mecanici de tren* ungefähr alle zwei Stunden den kompletten Zug abschreiten, an jedem Rad stehen bleiben, mit einem langstieligen Hammer dagegenklopfen, als wär's ein kreisförmiges Triangel, und dann lauschen, ob das Rad beschädigt ist; angeblich kann man das am Schwingungsgeräusch erkennen. Für mich seien Wagenmeister die Musiker unter den Handwerkern, verkünde ich überschwenglich, die Perkussionisten unter den Bahnangestellten – ob er, Alex, auch so einen langstieligen Hammer sein Eigen nenne?

«Ja», sagt Alex und blickt mich etwas irritiert an, vielleicht, weil mein euphorisches Gerede über Männer mit langen Hämmern ihm doch etwas suspekt vorkommt. Er habe immer einen im Kofferraum dabei – aber meistens bleibe das gute Stück im Wagen. Er kurbelt diskret das Fenster auf der Fahrerseite herunter und tut so, als müsste er den Gegenverkehr beobachten; erst da fällt mir auf, dass ich reichlich verschwitzt bin und inzwischen vermutlich relativ übel rieche.

Zum Glück ist Alex Gentleman genug, mein Wandersmannaroma nicht zu thematisieren, hebt stattdessen zu einer ausführlichen Geschichtslektion über Babelsberg an: Ob ich eigentlich wisse, dass die Stadt früher ein Zentrum des Tuchmacher- und Webergewerbes gewesen sei, und wie sich das auf die Breite der Straßen ausgewirkt habe? Ob ich eigentlich wisse, wie viele Maulbeerbäume der Alte Fritz (er sagt tatsächlich «der Alte Fritz») zur Gewinnung der für das Tuchmacher- und Webergewerbe so notwendigen Naturseide habe pflanzen lassen – und wie viele davon noch am Leben seien? Ob ich wisse, dass in Babelsberg früher das Maschinenbauunternehmen Orenstein & Koppel seinen Sitz gehabt habe, dass die jüdischen Besitzer aber von den Nationalsozialisten enteignet wurden, die Werke seien nach dem Krieg in «VEB Lokomotivbau Karl Marx Babelsberg» umbenannt und nach der Wende von der Treuhand unter dubiosen Umständen abgewickelt worden. Ob ich …

Nein: Das wusste ich alles bisher leider nicht. Ich bereue es wortreich, Babelsberg nicht mehr Aufmerksamkeit gewidmet zu haben, und gelobe feierlich, baldmöglichst mit meinen Kindern und weniger Gepäck dorthin zurückzukehren (seit meinem metaphorischen Fauxpas mit dem langstieligen Hammer rede ich übertrieben viel und ausführlich von meiner Frau und den Kindern, um allfällige Bedenken von Alex hinsichtlich meiner Motive zu zerstreuen). Als wir den Autohof Magdeburg-Rothensee passieren, sehe ich verheißungsvoll die goldenen Bögen eines vollklimatisierten Schnellrestaurants aufleuchten, prall gewölbt wie ein archaisches Fruchtbarkeitssymbol. Ich fühle, wie es in meinem Bauch rumort, und mir fällt ein, dass ich heute erst zwei Müsliriegel und eine Handvoll Brombeeren zu mir genommen habe, daher bitte ich Alex anzuhalten und steige aus.

Amendment No. 5

Blicke nicht zurück im Zorn. Bereue niemals eine Entscheidung, einen einmal eingeschlagenen Weg.

Gestärkt von zwei Vegiburgern, einem Pfund Pommes und eineinhalb Litern Cola verlasse ich den Autohof in südwestlicher Richtung. Ich war zwar vor etwa zehn Jahren in Magdeburg, aber das Umland ist mir vollkommen fremd: Zum ersten Mal, seitdem ich aufgebrochen bin, habe ich wirklich absolut keine Ahnung, wo ich mich befinde. Der WdgW, so viel sagt mir immerhin mein innerer Kompass, führt *weg*: weg von der Stadt, weg von der Autobahn, weg von dem Fastfoodrestaurant und der Tankstelle und der danebenliegenden Spielhalle, in den nächstbesten Feldweg und dort an einem kilometerlangen Getreideförderband entlang, genau der Sonne entgegen.

Der Blick ins Offene, über die Weiten der Magdeburger Börde, tut meinen Augen merklich wohl – doch die riesigen Agrarflächen sirren leider auch ein Lied über die Irrwege der industrialisierten Landwirtschaft. Zu meiner Linken erstrecken sich Hunderte Hektar mit Weizen, zu meiner Rechten etliche Quadratkilometer mit Erbsen – ansonsten wächst hier, mit Ausnahme eines gelegentlichen Holunderstrauchs, fast nichts, der Feldrain besteht lediglich aus einem handtuchbreiten Band aus Gras, Brennnesseln und Giersch. Laut EU-Agrarrichtlinie sollen eigentlich mindestens fünf Prozent einer Ackerfläche als «ökologische Vorzugsfläche» brachliegen – der Feldrain

The Crossroads

hier dürfte nach meiner Schätzung maximal ein Prozent ausmachen.

Die Wege zwischen den Monokulturen sind schnurgerade, Abzweigungen verlaufen wie mit dem Geodreieck gezogen rechtwinklig. Während ich in den vergangenen drei Tagen, in Berlin und Brandenburg, aus der Vogelperspektive gesehen vor allem O's, U's und S'e gegangen sein dürfte, gehe ich jetzt nur noch den Buchstaben L.

Offenlegung No. 1

Ich leide an Kartophilie. Der von mir so leichtfertig formulierte § 2 WdgW («Du sollst keine Karte bei dir tragen …») verursacht mir daher geradezu physisches Unbehagen: Er stellt einen nicht unerheblichen Widerstand dar, den ich tagtäglich überwinden muss.

Wie meine leidgeplagte Frau bestätigen wird, kann ich Stunden und Aberstunden damit zubringen, über eine Landkarte gebeugt mit den Augen Pfade und Gipfel abzuschreiten, die ich eines unbestimmten Tages mit den Füßen gehen möchte. Wenn ich die Karte vor einer Wanderung gut studiert habe, kann ich während des Gehens jederzeit in den geistigen Topographie-Modus umschalten und mich von oben als Punkt auf der Karte beobachten. Ich empfinde das als ungeheuer befriedigend, aber auch nicht unproblematisch. Der Blick auf die Landkarte führt nämlich, wie der englische Historiker Jerry Brotton argumentiert, zu einer Spaltung des Selbst: zu einer Teilung in Subjekt und Objekt, Beobachter und Beobachteter, Wesen aus Fleisch & Blut und Bleistiftmarkierung auf dem Papier (oder heute: pulsierender Punkt auf dem Smartphone). Der Kartenleser befindet sich «zugleich innerhalb und außerhalb» der kartographierten Landschaft: Er ist sowohl auf der Erde als auch in einer gottgleichen Beobachterposition.

In gewisser Weise stellt mein in § 2 formuliertes Kartenverbot einen Versuch dar, diese Spaltung zu überwinden, die Himmelssphäre zu verlassen, wieder beide Beine auf den Boden zu bekommen. Aber bin ich dazu überhaupt in der Lage? Offenbar ist die kartographische Vogel- oder Gottesperspektive so tief in meinem Unbewussten verankert, dass ich, selbst wenn ich keine Karte bei mir trage und mir die Gegend vollkommen fremd ist, unwillkürlich meinen Weg von oben verfolge und mitzulesen versuche: Ich gehe ein S, ein O, ein U, ein L.

Offenlegung No. 2

Ich trage ein GPS-Gerät bei mir. Ich meine: Hallo? Wir leben im dritten Jahrtausend, es ist quasi unmöglich, *kein* GPS-Gerät bei sich zu tragen. Wie alle mir bekannten erwachsenen Menschen habe ich ein Telefonino in der Tasche, mit dem ich abends meine Lieben anrufe, gelegentlich Schnappschüsse mache und dessen Diktaphon-Funktion ich während des Gehens meine Gedanken anvertraue. Und, ja: Seit meinem Aufbruch lasse ich im Hintergrund eine eigentlich für Jogger entwickelte App mitlaufen, die meine Bewegungen penibel nachzeichnet (ihr verdanke ich die Kartenskizzen in diesem Buch). Schließlich möchte ich am Ende meiner Wanderung kartographisch nachvollziehen können, wie und wohin ich eigentlich gegangen bin. Aber, geneigte Leserinnen und Leser: NIE, NIE, NIE würde ich diese App in grober Missachtung von § 2 WdgW zur Planung oder Orientierung missbrauchen! Schließlich habe ich die Zehn Gebote des widerstandslosen Wanderns selbst aufgestellt – warum sollte ich sie brechen?

Eine knappe Stunde und einige Ls später nähere ich mich einem weißgetünchten Flachbau. Offenbar eine ehemalige LPG, weitgehend verfallen, scheint aber trotzdem belebt zu sein: Rechts neben dem Gebäude steht eine provisorische Bühne, davor ein Imbisswagen, Fässer mit Zapfhahn. Eine freundliche Stätte zur Einkehr, hier, im Nirgendwo? Ich will gerade den Feldweg verlassen, mich nach einem alkoholfreien Getränk und einer vegetarischen Zwischenmahlzeit erkundigen, als mir ein junger Mann entgegengewankt kommt, schwarzes T-Shirt, Glatze; obwohl inzwischen die Sonne herausgekommen und es gar nicht kalt ist, hat er sich von Kopf bis Fuß in eine Deutschlandflagge gehüllt. Ich mache stehenden Fußes kehrt, tue so, als hätte ich ihn nicht bemerkt, obwohl er mir irgendetwas hinterherbrüllt: Menschen, die Schwarz-Rot-Gold tragen, sind mir per se suspekt, vor allem wenn sie dazu eine fleischfarbene Bademütze aufhaben.

Doch nur wenige Schritte weiter sehne ich mich schon nach den Bundesfarben zurück. Über dem Haupteingang der Ex-LPG prangt nämlich das Vereinswappen der stolzen Grundbesitzer: deutsches Eichenlaub, dazwischen, in den von 1933 bis 1945 gebräuchlichen Reichsfarben Schwarz-Weiß-Rot, ein Eisernes Kreuz, darüber der Name der Vereinigung: Iron Cruise MC. Offenbar hat ein örtlicher Motorradclub den ehemaligen Schweinestall zum Vereinsheim ausgebaut; und offenbar sind die Rocker der Auffassung, dass das englische Wort *cruise* «Kreuz» bedeutet. Der Anglist in mir bäumt sich auf, will stehen bleiben, den jungen Leuten erklären, dass das Wort *cruise* in Wirklichkeit «Kreuzfahrt» meint und dass das ja wohl eher etwas für schwule Rentner sei, nichts für stramm-doitsche Männer wie sie – doch besinne ich mich schnell eines Besseren.

Ein paar hundert Meter weiter parkt ein schwarzer VW Golf am Feldwegrand. Auf dem Nummernschild steht neben dem Kfz-Kennzeichen für Magdeburg und dem zweistelligen Buchstabencode die Ziffernfolge 888: Da das H an achter Stelle des Alphabets steht, ist die Doppel-Acht in der Neonazi-Szene eine geläufige Umschreibung für «Heil Hitler». Und da kommt mir auch schon der Fahrzeughalter entgegen, ein Muskelgebirge, Militärhaarschnitt, er führt gerade seine beiden Kampfhunde Gassi, als wollte er das Diktum von Adorno & Horkheimer bestätigen: «Wenn (…) Faschistenführer Tiere um sich haben, sind es keine Pinscher, sondern dänische Doggen und Löwenjunge (…) So blind steht der Koloss des faschistischen Schlächters vor der Natur, dass er ans Tier nur denkt, um Menschen durch es zu erniedrigen.»

Als der Tierfreund näher kommt, sehe ich, dass auch er diverse Eiserne Kreuze spazieren trägt, auf seinem T-Shirt, als Tattoos auf Waden und Oberarmen. Besser, ich spreche ihn zuerst an, denke ich; in die Augen schauen, keine Angst zeigen. Ob seine Hunde denn auch freundlich zu Fremden seien?, rufe ich ihm entgegen – teils aus Sorge um meine Wanderwaden, teils um zu sehen, wie der Mann auf das Reizwort *Fremde* reagiert.

«Meistens ja», gibt der Koloss so gutgelaunt wie unverbindlich zurück. Bleibt stehen, verschränkt die mächtigen Arme.

Ich deute auf die Kreuzfahrtschiffe, die er darauf tätowiert hat: «Und, bist du auch Mitglied im Iron Cruise MC?»

«Nee», er schüttelt den Kopf, lächelnd, wie es nachsichtige Väter tun, wenn ihre Kinder nach Dingen fragen, die zu hoch für sie sind. Er sei in einem anderen Motorradclub. In Mágdeburg (mit kurzem a: Nur Wessis sagen Maaagdeburg). Aber kürzlich sei er auf einer Party von den Iron-Cruise-Jungs gewesen. Die seien, er sagt das ohne erkennbare Ironie, «ganz süß».

Aha. Ich denke an die Glatze mit der Fahne, an das Eiserne Kreuz, die Reichsfarben: Offenbar gehen unsere Vorstellungen von *sweetness* doch ein wenig auseinander.

Ich nicke dem Mágdeburger zu, verabschiede mich eilig. Der WdgW führt ganz eindeutig: weg von hier (§ 10 WdgW).

Und: Er führt mich unaufhaltsam auf ein baum- und strauchloses, sich beidseitig in unendliche Fernen dehnendes Hochplateau zu. Ein Mittelgebirge, mitten in der Börde?

Eine verglaste Datsche mit Flachdach taucht auf, bewegt sich langsam von rechts nach links über das Plateau. Ein Führerhaus. Ein Frachtschiff. Dort oben, denke ich, muss der Mittellandkanal verlaufen: Alex hat mir davon erzählt, die längste künstliche Wasserstraße in Deutschland, sie verbindet den Dortmund-Ems-Kanal mit der Weser und dem Elbe-Havel-Kanal im Osten. Vielleicht zwanzig Meter erhebt sich die Böschung über die umliegende Landschaft, ihr Erklimmen ist mir gemäß § 3 Abs. 2 WdgW streng verboten, aber meine Neugier ist überwältigend. Außerdem führt mein Weg nun einmal direkt auf sie zu und kein anderer daran vorbei: Wie ein Irrer renne ich ohne nachzudenken den Hang hinauf, wenn ich den Blick auf den krautbewachsenen Boden richte, fühle ich mich, als wäre ich in den Highlands.

Keuchend komme ich oben an. Die Aussicht ist, trotz der bescheidenen Höhe, überwältigend: Im Süden sehe ich in der Ferne den dunklen Doppelturm des Magdeburger Doms, davor glitzert wie eine Glasperlenkette das endlose Fahrzeugband der A2; als ich mich nach Westen wende, schwebt die Abendsonne als blendende Zielscheibe über dem Wasser. Ich visiere sie an und fliege ihr entgegen.

Pastor Gerds Missionsmobil

Bis mich der Anblick eines nahegelegenen Sees aus der Bahn wirft: Grün wie eine Absinthfee leuchtet er rechts durch die Bäume. An seinen Gestaden, denke ich, will ich mein Nachtlager aufschlagen. Ich verlasse den Deichweg, tapere gemächlich die Böschung hinunter, gerate an ihrem Fuß in eine Laubenpieperkolonie. Alles wie von Moritz Schreber erträumt, Datschen, Gemüsebeete, Gewächshäuser … und ein Dreieinhalbtonner? Mitten im Kleingartenidyll parkt ein alter Mercedes 813: «In Christus zu Hause – unterwegs mit Menschen», steht groß auf der Kühlerhaube, auf der Ladefläche erhebt sich eine kastenförmige Miniaturkapelle, in leuchtendem Rot, Weiß und Grün gestrichen wie ein skandinavisches Holzhaus, ein Kirchenfenster prangt über der Fahrerkabine.

«Gehört der Ihnen?», frage ich verdutzt den Herrn, der vor seiner Datsche auf der Terrasse gegenüber sitzt, er tippt gerade in seinen Laptop, neben ihm auf dem Gartentisch eine aufgeschlagene Bibel. Er mustert mich prüfend, nickt, lädt mich zuerst auf die Terrasse, dann zu einem Bier, schließlich zum Du ein.

«Gerd.»

Gerd, so stellt sich heraus, ist Pastor einer freikirchlichen Gemeinde, knapp zwanzig Schäfchen, kein Gotteshaus, nur der alte Mercedes. Er mag Ende fünfzig sein und wirkt topfit. Er trägt ein ausgewaschenes rotes T-Shirt mit der Aufschrift «sola scriptura», hat kräftige dunkle Haare, kleine Pupillen in einem immer noch jungenhaften Gesicht. Sein Blick ist hart, aber nicht unangenehm, eher interessiert als durchdringend.

Den LKW, erzählt Gerd, habe er selbst ausgebaut: Eigentlich ist er gelernter KFZ-Mechaniker, doch dann empfing er den Ruf Gottes, sein Vater lag im Krankenhaus, der Sohn betete um sein Leben und wurde erhört, wider alle schulmedizinischen Prognosen wurde der Vater geheilt, so fand Gerd zum Glauben. Nun predigt er in der Dieselkapelle und anderswo, tauft neue Gemeindemitglieder im nahegelegenen See, allerdings erst, wenn sie alt genug sind, sich dafür zu entscheiden: Die Säuglingstaufe, sagt Gerd, lehne er ab, ebenso die Kirchensteuer.

Die Rollen in unserem Gespräch sind schnell klar, ohne dass sie verteilt werden müssten: Ich bin der Atheist, der Zweifler – Gerd ist der Missionar, der mich mit sanften Argumenten von seinem Glauben zu überzeugen sucht. Aber, und das rechne ich ihm hoch an: Er ist kein Verkäufer (vielleicht bedeutet das auch nur: Er ist ein verdammt guter Missionar. Ich bin aber auch ein verdammt guter Ungläubiger).

Gerd erzählt mir, dass Gott zu ihm spricht – nicht aus einem brennenden Dornbusch, sondern auf eine Weise, die auch mit modernem Wissenschaftsglauben wie meinem kompatibel ist: manchmal durch die Heilige Schrift, manchmal durch innere Gedankeneingebungen, bisweilen durch seine Tochter – meistens durch mehrere Kanäle gleichzeitig. Bei seiner Prüfung zum Mechaniker etwa habe ER durch einen Prüfungsmeister im grauen Kittel zu ihm gesprochen, wie aus dem Nichts sei der Meister aufgetaucht, habe zu ihm gesagt: «Du sollst nicht zweifeln, sondern glauben!», und sei dann wieder in der Werkshalle verschwunden. Den Meister habe er danach nie wiedergesehen.

Gerd erzählt mir, dass er nicht nur an Gott glaube, sondern auch an «sein Gegenteil» (was wohl heißen soll: an den Teufel, Luzifer, Satan, Er-der-nicht-genannt-werden-darf). Er erklärt, dass er manchmal auch Exorzismen durchführt: dass es genauso, wie es psychosomatische Erkrankungen gibt, bei denen unklar ist, ob die Wurzel des Übels im Körper oder im Geist zu suchen ist, auch Erkrankungen gebe, bei denen Geist und Seele betroffen seien. Psychospirituelle Krankheiten gewissermaßen, und bei diesen könne es sinnvoll sein, anstatt die malade Psyche zu therapieren, lieber den bösen Spiritus auszutreiben, zum Beispiel durch kollektives, lautes Beten im Beisein des Betroffenen (wenn der Betroffene zu zittern anfängt, weiß man, dass man auf der richtigen Spur ist).

Ich denke: Das könnte jetzt sehr, sehr unangenehm sein, mit einem wildfremden Mann irgendwo in der Pampa zu sitzen und zu erfahren, dass er allen Ernstes an den Teufel glaubt – also nicht nur an so ein kleines possierliches Männlein auf der Schulter, das einem schalkhafte Sachen einflüstert und sich mit einem imaginären Widerpart balgt, sondern so richtig an DEN LEIBHAFTIGEN, an DAS BÖSE – und dass dieses BÖSE tatsächlich Besitz von einem Menschen ergreifen und durch Gebete wieder entfernt werden kann – aber komischerweise ist es überhaupt nicht unangenehm, ich könnte Pastor Gerd ewig zuhören.

Zum Abschied, ein kaltes Bier und eine halbe Stunde später, erzählt mir Gerd noch eine Geschichte aus dem Alten Testament: ein Gleichnis, das ihm im Moment einer schwerwiegenden Lebensentscheidung in die Hände fiel und durch das Gott, wieder einmal, persönlich zu ihm sprach: Es ist die Geschichte vom Tod des Moses. Der Prophet führte die Israeliten bekanntlich vierzig Jahre lang durch die Wüste, aus der ägyptischen Gefangenschaft bis nach Kanaan, aus dem Flachland in die Berge, teilte unterwegs das Rote Meer, sprach mit brennenden Dornbüschen, nahm die Zehn Gebote entgegen, ließ seinen Bruder erschlagen und begründete nebenbei den Monotheismus – aber die Erfüllung seiner Träume, sein Ziel konnte er nicht erreichen. Gerade als das Gelobte Land zum Greifen nahe war, gerade als Moses, erstaunlich fit für einen Hundertzwanzigjährigen, aus dem Jordantal auf den Berg Nero gestiegen war und die seinem Volk versprochene künftige Heimstatt erblickte, musste er sterben: «Denn du sollst das Land vor dir sehen, das ich den Israeliten gebe, aber du sollst nicht hineinkommen.» (5 Mose 32:52)

Ähnlich erging es auch Pastor Gerd: Etliche Jahre baute

er in Süddeutschland eine florierende Gemeinde auf, sammelte Schäfchen um sich – doch gerade, als er sich zufrieden auf seinen Hirtenstab hätte stützen und die Früchte seiner Arbeit genießen können, entsandte ihn der Bundesverband der Freikirchen, dem er angehört, hierher, um im gottlosen Osten, in der sächsisch-anhaltinischen Wüste eine neue Gemeinde zu gründen. Demütig, die Geschichte aus dem Deuteronomium vor Augen, nahm Gerd die Weisung an.

Während ich meinen Rucksack schultere, mich für Getränk und Gespräch bedanke und verabschiede, komme ich nicht umhin, das Gleichnis auch auf mich, meine Wanderung und meinen Lebensweg zu beziehen. Das Anstrengendste am WdgW, so wird mir am Ende dieses vierten Tages klar, ist, dass er kein Ziel hat: keine Bergspitze, kein Meer, keinen Wallfahrtsort, kein Gelobtes Land, wie fern es auch sein mag. «(D)er Gipfel ist das Tal, / der leichte Weg ist der schwerste», wie es in einem anderen heiligen Text, dem *Daodejing* des Laozi, heißt.

Und diese Ziellosigkeit ist nicht nur strapaziös, sondern auch emblematisch für mein gesamtes berufliches und privates Dasein: Nie hatte ich im Leben einen Endzweck vor Augen, die Festanstellung, den Großen Roman, das Familienauto, die Eigentumswohnung – immer nur den nächsten Schritt. Vielleicht, denke ich, ist «Der Weg des geringsten Widerstands» gar nicht der richtige Name für mein Unterfangen – vielleicht sollte es besser «Der Weg ohne Ziel» oder «Der Weg ohne Kanaan» heißen. Moses mag seine Bestimmung nie erreicht haben – immerhin hatte er eine. Ich marschiere nur immer weiter durch mein Leben, durch mein Schreiben, durch die Welt; aktuell ir-

gendwo durch die anhaltinische Provinz, chaotisch, kontingent, oft genug im Kreis oder Zickzack, ziellos wie ein Tumbleweed …

Und während ich noch hadere und zweifle, spüre ich plötzlich Sandboden unter den Füßen. Ich sehe einen Strand, weiß und südseefein. Ich sehe den See, das Wasser, immer noch flaschengrün, es leuchtet verführerisch in der letzten Abendsonne. Ich finde einen traumhaft stillen Winkel am Ufer, um mein Zelt aufzuschlagen, nur einen Igel als Nachbar. Ein Ort, schöner, als ich ihn je hätte suchen, finden, vorausplanen können, und ich beschließe: Dies ist heute Abend mein Gelobtes Land. Mein Kanaan.

Halleluja und so.

5

Der Blues des geringsten Widerstands

Ich ging nachts zu der Kreuzung,
ich war meines Lebens nicht mehr froh.
Ja, ich ging nachts zu der Kreuzung,
ich war meines Lebens einfach nicht mehr froh.
Ich hatte einen Termin mit dem Teufel,
doch der schickte stattdessen Godot.

Godot sagte: Tachchen,
was kann ich Schönes für Sie tun?
Ja, Godot sagte: Tachchen auch,
was kann ich heute Schönes für Sie tun?
Ich sagte: Ich will endlich Gitarre lernen,
vorher will ich nicht rasten noch ruh'n.

Godot sagte: Lässt sich machen,
aber zeig mir erst mal deine Seele.
Godot sagte: Lässt sich prinzipiell schon einrichten,
aber zeig mir doch bitteschön erst mal deine Seele.
Ich packte sie aus, und er sagte:
Dafür gibt es höchstens Ukulele.

Ich sagte: Okay, Godot, aber wo geht's
zum Unterricht? Und er sagte: Komm mit.

Ich sagte: Okay, Godot, aber wo geht's
zum verdammten Musikunterricht?
Und er sagte: Komm einfach mit.
Und ich sagte: Yo, Godot,
I follow you auf Schritt und Tritt.

Godot, der Teufel und ich,
wir gehen jetzt Hand in Hand.
Ja, Papa Godot, Mama Teufel und ich,
wir gehen jetzt Hand in Hand.
Manchmal machen die beiden Engelchen-flieg!
mit mir. Ich leiste keinen Widerstand.

Nach dem Aufwachen ~~laufe ich erst mal ein paar Runden übers Wasser~~ gehe ich schwimmen, dann trinke ich einen Kaffee an der kleinen Bude am Ufer. Der örtliche Trafikant lädt mich ein, winkt vorwurfsvoll ab, als ich bezahlen will. Überhaupt sind alle Menschen, denen ich begegne, plötzlich von irritierend-irisierender Freundlichkeit, gerade so, als wollten sie meine anfangs so skeptische Haltung gegenüber Sachsen-Anhalt und seinen Bewohnern widerlegen. Es zieht mich zurück zum Mittellandkanal.

Der Weg auf den Deich bedeutet zwar wieder einen Aufstieg von geschätzt zwanzig Höhenmetern – doch der Weg dort oben entspricht, wie ich seit gestern weiß, in geradezu idealtypischer Form sämtlichen Anforderungen an den WdgW: topfeben, der Boden mit gelenkfreundlichem Split bestreut, verläuft er fast schnurgerade von Osten nach Westen … oder umgekehrt? Rechts oder links? Wohin?

Ich rupfe eine Mohnblume ab, werfe sie ins Wasser. Es weist keinerlei erkennbare Fließrichtung auf. Der Wind wiederum trifft vertikal auf den Deich.

Hm.

Ich gehe zunächst nach Osten, der wärmenden Sonne entgehen (§ 3 Abs. 4 WdgW) – merke aber nach circa einem Kilometer, dass die Sonne mich weniger wärmt als vielmehr blendet, und dass sie zudem, wenn ich diskret über meine Schulter blicke, das Wasser in geradezu überirdischen Farben zum Strahlen bringt. Die ganze Freundlichkeit der Welt schimmert in diesem Kanal. Ich kehre also um, gehe beschwingt zurück nach Westen, zu meiner Rechten sehe ich, weit im Norden, die schneeweißen Abraumhalden eines Kalisalzbergwerks leuchten. Die Form erinnert mich an einen Vulkankegel, etwa den ostafrikanischen Kibo; offenbar nicht nur mich: Wie ich erfahre, nennen die lustigen Anhaltiner die Halde «Kalimandscharo».

Obwohl Wetter und Weg paradiesisch sind, treffe ich keine Menschenseele, nur einen Kormoran, ein Tagpfauenauge, eine Kreuzotter, einen Kiebitz und einen Mäusebussard (rüttelnd). Wie immer, wenn ich mich unbelauscht wähne, singe ich leise vor mich hin; ich beginne, im Rhythmus meiner Schritte einen *Twelve Bar Blues* zu improvisieren, nach dem überlebensgroßen Vorbild von Robert Johnsons «Me and the Devil Blues».

Ich muss gestehen: Ich bin ein wenig neidisch auf Pastor Gerd. Der gute Hirte erzählte mir gestern, dass er ebenfalls gern alleine wandern geht, dabei aber stets in guter Gesellschaft sei, weil «sein Gott» immer mit von der Partie ist. *Mein Gott*: Ich lasse mir diese Formulierung auf der

Zunge zergehen, sie schmeckt fremdartig, wie eine Speise, von der ich noch nie gekostet habe. Ich selbst habe keinen solchen Begleiter: Ich bin, wie man so sagt, von allen guten (und bösen) Geistern verlassen – selbst das Engelchen und das Teufelchen, die mir am ersten Tag noch imaginäre Gesellschaft geleistet haben, sind seit dem Vorfall vor dem Antiquitätengeschäft verschwunden.

Ich bin allein.

Ja, ich weiß noch nicht einmal, ob das Subjekt in diesem Satz eigentlich korrekt ist: *Ich*. Die grundlegende Frage, die sich beim Wandern im Allgemeinen und mir gerade im Speziellen stellt, lautet nämlich: Gelangt man beim langen, einsamen Gehen, wie es das Klischee besagt, «zu sich selbst»? Lernt man sich also besser kennen, findet man sich oder sein «wahres Wesen» – oder verliert man sich vielmehr, wird man ein Nichts, ein Niemand, ein anonymes Trägermedium für die darübergeworfene Funktionskleidung?

Der französische Philosoph Frédéric Gros, der mich (in Buchform) auf dieser Wanderung begleitet, meint: Eher Letzteres (ich nicke beifällig im Gehen: *oui, oui*!). Es gehe beim Wandern nicht darum, «sich von alten Entfremdungen zu befreien, um ein authentisches Ich zurückzuerobern, eine verlorene Identität», schreibt er in *Unterwegs. Eine kleine Philosophie des Gehens*: «Beim Gehen entfliehen wir vielmehr schon der Idee der Identität, der Versuchung, jemand zu sein, einen Namen zu haben und eine Geschichte.» Wenn wir mehrere Tage oder Wochen zu Fuß unterwegs sind, so Gros, dann lassen wir «nicht nur unseren Beruf, unsere Nachbarn, unsere Geschäfte, unsere Gewohnheiten, unsere Sorgen zurück. Sondern auch unsere vielschichtigen Identitäten, unsere Gesichter und unsere Masken.»

Das entspricht durchaus meiner Erfahrung: Schon am ersten Abend, als ich von dem Charlottenburger Hemdenverkäufer brüsk des Schaufensters verwiesen wurde, war ich offenbar meiner Identität als weltgewandter Stadtmensch bereits weitgehend verlustig gegangen. Hier, auf dem Deich des Mittellandkanals, bin ich nun nicht mehr liebender Ehemann, Vater, Nachbar, Bürokollege, Autor, Literaturwissenschaftler oder Journalist. Ich bin nur irgendein Typ, der einen Rucksack nach Westen schleppt und dabei ein selbsterdachtes Lied vor sich hin summt. Ein florianförmiges Loch, durch das der Wind weht.

Am Kanalkilometer 305 werden meine Gedanken jäh von einer Großbaustelle unterbrochen: Das Wasserstraßenneubauamt lässt hier den Kanal um achtzehn Meter verbreitern und einen knappen Meter vertiefen, der vormals so herrlich schnurgerade Deichweg findet zwischen Sand, Matsch und Pfützen ein Ende – allerdings, mit einer berühmten Formulierung des amerikanischen Dichters T.S. Eliot gesprochen, «nicht mit einem Knall: mit Gewimmer».

Ich kann und mag mich nämlich partout nicht mit der unbequemen Tatsache des endenden Deichwegs abfinden, hoffe wider alle Hoffnung auf eine Fortsetzung jenseits der für Unbefugte streng verbotenen Baustelle. Ich klettere ein frisch aufgeschüttetes Kiesbett hinunter, gehe vorbei an verlassenen Baggern, Dampframmen und anderem kolossalem Tiefbaugerät, es ist Freitagmittag, die Baustelle ist wie ausgestorben. Offenbar gilt auch hier der gute alte Arbeitnehmerwahlspruch: *Freitag ab eins / Macht jeder seins*.

Schweren Herzens und noch schwereren Rucksacks muss ich mir schließlich eingestehen: Es geht einfach nicht weiter. Vor mir reißt eine unüberwindliche Baugrube ihren Rachen auf, links gähnt die Spundwand des Kanals, rechts verlaufen Bahngleise, an der Böschung dahinter wuchern die Brombeeren. Ich mache kehrt, unter einer Brücke hindurch, klettere nach links über den Bahndamm, kraxle die nächste brombeerfreie Böschung empor und lande schließlich am Rand einer Bundesstraße. Der Schwerlastverkehr dröhnt in beide Richtungen, dennoch höre ich das Quinkelieren einer Feldlerche – oder halluziniere ich bereits? Nein, dort fliegt sie, ihr hochfrequenter Gesang liegt schwerelos über den subsonischen Bässen der Vierzigtonner.

Ich arbeite mich auf der linken Straßenseite dem Verkehr entgegen, verständnislose Blicke hinter Windschutzscheiben: Woher kommt dieser Typ, und warum wandert er eine Bundesstraße entlang? Bis ich schließlich, ein paar Lungenkubikmeter Stickstoffdioxid später, das nächste Dorf erreiche, der einzige örtliche Dienstleister ist ein Nagelstudio, heißt «Relax» und wird von einer Jacqueline betrieben … untrügliche Anzeichen, dass ich tief in der ostdeutschen Provinz gelandet bin. Obwohl – da! «Gepflegte Speisen und Getränke», annonciert ein Schild, «täglich geöffnet», nur fünfzig Meter. Nichts wie hin.

Ein weißer Plastetisch an der Straße, vier Plastestühle drum herum garniert, ein Sonnenschirm, wenig Charme, ein Schaufenster mit verblichenen Kekspackungen, egal. Der Hunger treibt mich in den Imbissinnenraum, klingeling, forsch trete ich ein – und finde mich umgehend in einem Museum für moderne Kunst wieder. Der Anblick, der sich mir bietet, könnte jedenfalls direkt einer Werkschau der morbid-misanthropischen Installationskünstler Edward & Nancy Kienholz entsprungen sein.

Eine penetrante Mischung aus Rauch und Frittierfett hängt in der Luft, legt sich wie ein schmieriger Schleier über jeden Gegenstand und jede Figur im Raum. Zwei Glatzköpfe in Jogginghose sitzen an einem Campingtisch zu meiner Rechten, diverses Altglas um sich herum verteilt, zwischen ihnen eine schwer von Alkoholabusus gezeichnete Frau von vielleicht vierzig Jahren, «ick hoab Ronny jestern jefroagt, wat ick Sonnoahmd moa wieda kochen soll, und er so: kinesisch, und nu muss ick morgen zu Kaufland, weil Hähnchen bei Edeka is scheiße, und bei Kaufland weeß ick, wo dit im Regoal steht.»

«Un wat jibtet Sonntag?»

«Reste.»

Der Wirt schaut mich aus glasigen Augen an, als hätte er mit einem solchen Andrang nicht gerechnet, als hätte sich überhaupt seit Jahren niemand mehr in seine Kaschemme verirrt außer den drei Faktota am Campingtisch, und quittiert meine Frage, ob ich etwas zu essen bekommen könnte, zunächst mit empörtem Schweigen. Endlich ringt er sich zu einem Statement durch: «Bockwürste.»

Ungern – ich bin Vegetarier, traue mich aber nicht, das in diesem Rahmen laut zu sagen, weil ich in der Gesellschaft von Bockwurstanbietern und Discounthähnchenessern keine tierethische Diskussion anzetteln will, stottere daher, was ich für den kleinsten gemeinsamen Nenner halte: «Äh, Pommes?»

Der Wirt seufzt, schüttelt den Kopf, so einen extravaganten Wunsch hat er schon lange nicht mehr gehört. Er hinkt wortlos ins Hinterzimmer, kommt nach zwei Minuten mit einem Beutel tiefgefrorener Kartoffelschnitten zurück, nimmt eine Handvoll und schmeißt sie in die denkmalgeschützte Fritteuse. Dreht den Temperaturregler auf elf und bringt die Restpommes zurück in die Leichenhalle.

Als er schnaufend zurück in den Gastraum kommt, betritt ein junges Pärchen mit Kleinkind im Schlepptau den Imbiss. Sie trägt Dreadlocks und Nasenring, er einen buntgemusterten Buff, unter dem sich mutmaßlich eine ähnlich alternative Haarpracht versteckt hält, außerdem ein T-Shirt, auf dem ein Flüchtlingsboot abgebildet ist, darüber der Slogan: FERRIES NOT FRONTEX. Zum Glück, denke ich, weiß von den Anwesenden vermutlich keiner, dass mit FRONTEX die Europäische Agentur für die Grenz- und Küstenwache gemeint ist, die das christliche Abendland gegen Glücksritter aus Afrika verteidigt, sonst gäbe es hier gleich Bambule.

«Zweemal Pommes», bestellt der Buff-Mann. Der Wirt schaut ihn an, als könnte das jetzt ja wohl nicht sein Ernst sein, als hätten sich alle Bockwurstverächter der Republik gegen ihn verschworen, neuerliches Seufzen: «Meene Frau is jroade nich da, ich kenn mich kulinoarisch nich so aus», erklärt er, als würde das irgendwas erklären, bequemt sich dann aber doch zurück in die Speisekammer.

In der halben Stunde, die es dauert, bis der Wirt unsere Pommesportionen gesotten, gesalzen und mit Ketchuptütchen auf drei Tellern garniert hat, habe ich Zeit, die beiden anderen Eindringlinge ein wenig kennenzulernen, wir setzen uns gemeinsam auf das Plaste-Ensemble am

Alle Räder stehen still / Wenn die Flaute es so will

Straßenrand. Sie, Kalli, arbeitet als Sozialarbeiterin (war ja klar jewesen). Er, Johann, war früher Punk, lernte dann Gartenarchitekt, jetzt ist er Industriekletterer, beide kommen hier aus der Gegend, leben allerdings in Berlin-Neukölln und sind gerade auf dem Weg zu Kallis Oma, die in der Nähe von — wohnt. (Ich verstehe den Ortsnamen nicht, tue aber so, als ob er mir etwas sagen würde, um nicht unhöflich zu erscheinen.) Ein Blick auf meinen Rucksack: Ob sie mich ein Stückchen mitnehmen sollen?

Der Anstand sowie mein Vorsatz, den § 6 Abs. 2 WdgW nicht allzu leichtfertig anzuwenden, lassen mich einen Sekundenbruchteil zögern ... aber nach einem weiteren Blick auf den Edward-und-Nancy-Kienholz-Gedächtnis-Imbiss sowie die Tristesse der Durchgangsstraße, auf der die Vierzigtonner vorbeidieseln, nach ein paar Bissen von den antiquarischen Pommes und weil Kalli und Johann wirklich rundum *woke* Typen sind und ihr Sohn ein niedlicher Knopf und der Hund, den sie natürlich dabeihaben, auch sehr sympathisch, sage ich überschwenglich: «Ja.»

Ich habe zu Industriekletterern immer bewundernd aufgeschaut (im wahrsten Sinne des Wortes). Ich habe sie für die Krone der Alpinistenschaft gehalten, weil sie so tollkühn und geckogleich glasglatte Neubaufassaden und Fabrikschornsteine emporfexen, während ich bei meinen eigenen bescheidenen Kletterversuchen regelmäßig im fünften Schwierigkeitsgrad scheitere – aber nun erfahre ich von Johann, der es wissen muss, dass, ich zitiere wörtlich, «wirklich jeder Honk» Industriekletterer werden könne.

«Ach was?» Ernüchterung meinerseits.

«Ja», Johann zuckt mit den Schultern, während er seinen Kombi gutgelaunt durch eine mir unbekannte Landschaft lenkt: Neue Windkraftanlagen schössen ja derzeit wie die Pilze aus dem Boden, Energiewende und so weiter; in Deutschland gebe es bereits knapp 30 000 Stück und ständig werden es mehr, und Menschen, die bereit seien, bei Wind und Wetter in hundertfünfzig Metern Höhe die riesigen Rotorblätter zu überprüfen und zu warten, würden händeringend gesucht. Und, unter uns, was heiße schon klettern? Die großen Windräder seien inzwischen alle mit Fahrstühlen ausgerüstet, man fährt im Innern des Turmes hoch zum Maschinenhaus, steigt aus und seilt sich dann peu à peu an den Rotorblättern ab – offenbar bin ich nicht der Einzige, der sich bevorzugt von oben nach unten bewegt. Überhaupt geht auch Johann, so mein Eindruck, trotz seiner vertikalen Tätigkeit bevorzugt den WdgW: Nur drei Monate im Jahr arbeitet er, checkt circa

Am Scheideweg (3)

zwei Windräder täglich – dann hat er genügend Geld beisammen, den Rest des Jahres macht er blau und bleibt in der Ebene.

Ich durfte auf dem Beifahrersitz Platz nehmen, Kalli und Kind sitzen hinten – und da ich meinen eigenen Sohn schon jetzt, nach wenigen Tagen, schrecklich vermisse, drehe ich mich während der Fahrt immer wieder zu dem Kleinen um, schäkere mit ihm und stelle ihm dumme Fragen, die vor allem als plumper Vorwand dienen, um über meinen eigenen Sohn reden zu können, und den Eltern sicher schrecklich auf die Nerven gehen.

«Wie alt isser denn?»

«Zwei.»

«Ach – genau wie meiner! Und, wann hat er Geburtstag?»

«Mitte April.»

«Ach – kurz nach meinem! Wann denn genau?»

«Kurz vor Führers Geburtstag.»

«Äh … ah ja.»

Der berüchtigte zwanzigste April. Am Vorabend dieses Datums wurden während der NS-Zeit traditionell Tausende von Jugendlichen in die HJ aufgenommen, am Tag selber Hetzreden gehalten und das Horst-Wessel-Lied gesungen. *Unhappy birthday.* Sollte ich mich in meiner Meinung über die politische Gesinnung von Johann und Kalli so gründlich getäuscht haben?

Behutsam gebe ich meiner Verwunderung darüber Ausdruck, dass dieser Tag, über siebzig Jahre nach dem letzten Kerzenauspusten im Führerbunker, immer noch so fest im kollektiven Gedächtnis verankert ist. Dass er mehr als zwei Generationen später immer noch eine beinahe magische Anziehungskraft zu haben scheine, wie ein dreckiger Witz oder …

«Nee, nee», unterbricht mich Johann, «das liegt nur daran: Als Punk musstest du am zwanzigsten April lieber von der Straße bleiben. Weil, an dem Tag haben die Nazis hier immer Jagd auf Linke gemacht.»

Ach so. Nette Gegend.

Kurz bevor wir das Haus von Kallis Oma erreichen, hält Johann an, irgendwo in einem namenlosen Dorf an einer unbeschilderten Kreuzung, die Häuser haben noch die Patina von Planwirtschaft und Braunkohleheizung. Das hier sei der höchste Punkt in der Gegend, erklärt Kalli grinsend, von hier aus gehe es in alle Himmelsrichtungen bergab. Genau der richtige Ort für mich! Ich habe nun wirklich ganz und gar keinen Plan mehr, wo ich mich be-

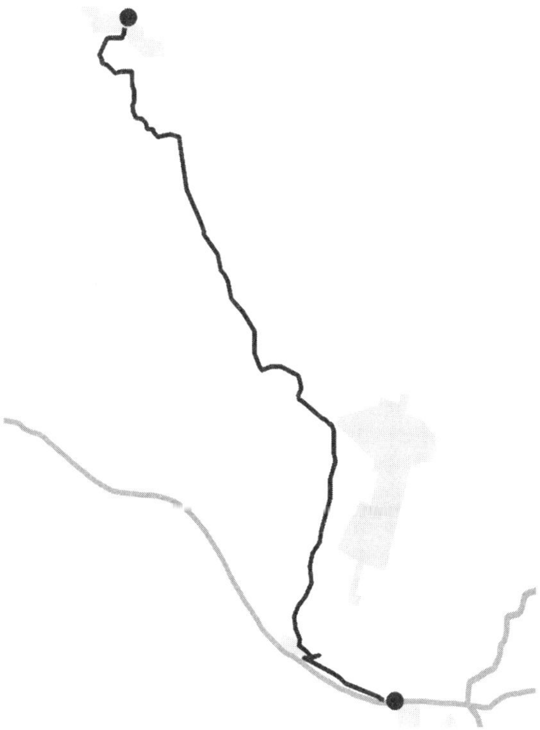

finde; nicht einmal die Himmelsrichtung, in die wir während der vergangenen Stunde gefahren sind, könnte ich bestimmen, die Sonne war hinter Wolken versteckt.

Ich bedanke mich bei Johann und Kalli, winke ihrem Sohn zu, der Hund bellt, freut sich, dass er den Fremdling vertrieben und seine Rotte wieder beisammen hat. Der Kombi rollt an, ich sehe ihm noch einen Moment lang nach – dann schultere ich meinen Rucksack und beginne wieder zu gehen, automatisch, gedankenlos wie ein Duracellhase.

5 ½

Ein Traum: Ich entdecke das Geheimnis, wie man einen Bestseller schreibt; die literarische Weltformel! Sie sieht aus wie ein Weißhai, liegt in zwölf Metern Tiefe auf dem Grunde des Jersleber Sees und knabbert an einem riesigen Bovist.

Die Deutung: Ich habe offensichtlich keine Ahnung, wie man einen Beststeller schreibt – aber ich merke immerhin, wie sich das plan- und ziellose Gehen allmählich auf mein Schreiben und Denken auswirkt: Es macht es assoziativer, surrealer.

Wie Rebecca Solnit bemerkt, ähneln sich Wanderungen und literarische Texte darin, dass sie linear verlaufen, also eine temporale Dimension innehaben: «Sprache ist wie eine Wegstrecke; man kann sie nie in ihrer Gesamtheit erfassen, da sie sich erst in der Zeit entfaltet.» Richtig – und man könnte ergänzen: Wenn Gehen und Schreiben miteinander verwandt sind, dann ist es nur folgerichtig, dass eine bestimmte Art des Gehens auch eine bestimmte Art von Texten hervorbringt. Dem Spaziergang oder der Flânerie durch die Großstadt entspricht am ehesten der Essay. Der Expedition mit Kompass und Karte, bei der man sich planvoll auf ein bestimmtes Ziel zubewegt, ähnelt das strukturiert vorgehende Sachbuch. Und eine Wanderung ohne Ziel und Karte, wie ich sie unternehme?

Nun: Sie muss vermutlich einen Text hervorbringen, der zwar über Merkmale des Essays und des Sachbuchs verfügt, aber immer wieder auch vom rechten Weg abkommt und in den Abgründen des Unbewussten, der Träume und Assoziationen landet. Und dort tummeln sich dann eben Meeresräuber im Süßwasser, fressen Waldpilze und geben sich als Geheimnis des literarischen Erfolgs aus.

6

Was ich am sechsten Tag auf dem WdgW gelernt habe

1.
Auch als Gesinnungsvegetarier kann man guten Gewissens Tiere töten. Zumindest wenn sie wirbellos sind und kleiner als eine Schnirkelschnecke.

2.
Pferdebremsen, die größer als eine Schnirkelschnecke sind, sind auch okay.

3.
In Notwehr.

4.
Insgesamt hat der weise Gesetzgeber, der uns die Zehn Gebote zum WdgW hinterlassen hat, den Faktor Tier zu wenig in seine Überlegungen mit einbezogen.

5.
Autan hat er auch nicht dabei.

6.
Und zum Abendessen nur ein paar Müsliriegel.

7.
Das mit dem Denkmal am südwestlichen Ende von Potsdam kann er jedenfalls vergessen.

Der Ortseingang von Dingenskirchen

Ein Pfosten, darauf ein verzinkter, viereckiger Metallrahmen, neunzig mal sechzig Zentimeter, wie sie an allen deutschen Einfallstraßen stehen. In der Regel befindet sich ein großes eigelbes Rechteck mit schwarzer Beschriftung darin – aber hier ist der Rahmen leer: Schlechte Menschen haben das Ortsschild gestohlen.

Wo zum Teufel bin ich?

Ich folge weiter dem Straßenverlauf, komme an ein großes backsteinernes Stadttor, befrage ein älteres Ehepaar: «Moin, moin!», grüßen sie mich freundlich; bin ich schon so weit im Norden? Nun, wie sich herausstellt, immerhin in einer alten Hansestadt: Salzwedel, knapp 25 000 Einwohner, Heimat des berühmten Salzwedeler Baumkuchens. Der Ort, so erfahre ich, wurde Anfang des zwölften Jahrhunderts von Albrecht dem Bären gegründet – ja, genau, von ebenjenem Albrecht, der später den Slawenfürsten Jaxa von Köpenick durch die Havel jagen sollte. Die mittelalterliche Salzstraße von Lüneburg nach Magdeburg überquerte hier den Fluss Jeetze, daher der Name.

Ich bedanke mich, gehe weiter und treffe nach wenigen Minuten auf die Überreste der Burg, die mehr als tausend Jahre lang über die strategisch wichtige Flussfurt wachte. Der Burgfried selbst ist okay, wie zu erwarten ein mächtiger Backsteinphallus – weitaus mehr interessiert mich allerdings ein bescheidener Wassertrog am Eingang zur Anlage. Es handelt sich um den sogenannten Puparschbierbrunnen, daneben eine Tafel mit den unsterblichen Versen:

ALLEN WIRD BEKANNTGEMACHT,
DASS KEINER IN DIE JEETZE KACKT,
DENN MORGEN WIRD GEBRAUT!

Moment mal: Soll das heißen, dass die braven Salzwedeler Bürger früher regelmäßig in ihr Trinkwasser defäkierten – es sei denn, dass am nächsten Tag Bier daraus gemacht wurde? *Kein Trinkwasser*, steht auf einem Hinweisschild über dem grünen, mit wurstgroßen Algen gesättigten Brackwasser. Schönen Dank für den Hinweis – ich fülle meine Feldflasche gerne woanders auf, verlasse die Altstadt durch das ehemalige Lützower Tor. Ich kann noch nicht ahnen, dass ich in den kommenden Tagen ausgiebig von dem trüben Jeetzewasser trinken werde.

Die nördliche Banlieue von Salzwedel ist, im Gegensatz

zur schmucken mittelalterlichen Fachwerkinnenstadt, ein eher ernüchterndes Pflaster. Ich weiß nicht, was mich trauriger stimmt: die verfallenden Fabrikantenvillen aus der Jugendstilzeit, die leerstehenden Büro-Plattenbauten aus der Dekadenzphase der DDR-Architektur oder die seelenlos-properen Fertighäuser mit blaulasierten Dachpfannen, manikürtem Vorgartenrasen und Carport aus der Nachwendezeit?

Eine Frau auf einem Pedelec radelt vorbei, hält an, nimmt einen schwarzweißen Chihuahua aus ihrem Sattelkorb, setzt ihn auf den Gehweg und fährt weiter. Es dauert einen Moment, bis der Hund und ich begreifen, dass Frauchen nicht mehr zurückkommt: Sie hat ihn ohne erkennbare Gefühlsregung, Furcht vor Zeugen oder Federlesens einfach ausgesetzt.

Ich stehe ratlos am Straßenrand, starre das Tierchen an, das seinerseits dem entschwundenen Fahrrad nachstarrt. *Omne animal triste*. Der Hund ist niedlich, aber unfassbar dumm, vielleicht auch lebensmüde angesichts der Schlechtigkeit der Welt, ich kann ihn zweimal nur mit Mühe davon abhalten, vor ein herannahendes Auto zu rennen. Schließlich gelingt es einer Anwohnerin, ihrer eineinhalbjährigen Tochter und mir mit vereinten Kräften, das tumbe Ding einzufangen: «Wir sind die Hundeflüsterer, wa?», wispert die Mutter. Ich mache mich still aus dem Staub.

Meine ersten verzweifelten Versuche, mich von der Landstraße aus seitwärts in die Büsche zu schlagen, gehen allesamt fehl, weil sämtliche Pfade nach wenigen hundert Metern an unüberwindlichen Hindernissen enden (Brombeergebüsche, aufgelassene Industrieareale, «Hier wache

Im Hintergrund: der sehr invasive Japanische Staudenknöterich

ich!»-Schilder, «Vorsicht, bissiger Hund!»-Schilder, «Ich schaffe es bis zum Tor in 1,5 Sekunden – und Du?«-Schilder).

Endlich zu meiner Rechten ein Parkplatz, ein Landschaftsschutzgebiet. Auch wenn der Ortsname eine andere Geschmacksrichtung nahelegt, war Salzwedel seit Ende des neunzehnten Jahrhunderts vor allem eine Zuckerstadt. 1892 wurde hier für eine Million Reichsmark eine Fabrik zur Herstellung von Rübenzucker gebaut; 1991, nach der Übernahme des VEB durch die westdeutsche Nordzucker AG, wurde das Werk geschlossen, Ende der Neunziger abgerissen. Teile des Geländes wurden renaturiert, heute befindet sich auf dem ehemaligen Zuckerfabrikareal ein LSG mit Spazierwegen und Angelgewässern.

Die Sonne hat sich mittlerweile erfolgreich durch die Wolken gekämpft, eine laue Brise bringt wohlmeinendes Wetter von Westen, und ich marschiere in schönster Übereinstimmung mit § 3 Abs. 3–5 WdgW nach Osten, schlängle mich durch die Teichlandschaft, folge stets dem schönsten der allesamt ebenen, gottverlassenen Pfade.

Doch je tiefer ich in das idyllische Biotop eindringe, desto mehr beschleunige ich meinen Schritt. Der Grund ist eine schwer zu überblickende Anzahl blutkonsumierender Insekten, denen es in diesem feuchten, halbschattigen Gelände offenbar ebenfalls ausgesprochen gut gefällt. Ein ethisches Dilemma: Darf ich als Gesinnungsvegetarier diese prächtigen Tiere töten? Oder mache ich mich dann des Sizeism schuldig, jener Haltung, die Tiere lediglich aufgrund ihrer Größe diskriminiert? (Chihuahuas muss man vor dem Unfalltod retten – Insekten darf man erschlagen? Wo verläuft die Grenze?)

Ich lasse mich eine Weile moralisch einwandfrei aussaugen – dann entscheide ich mich für einen Kompromiss: Ich gebe jeder Pferdebremse den Namen eines mythischen, im Kampf gefallenen Heroen, um meine Anerkennung für ihren Heldenmut und ihre vollumfängliche Subjektivität zum Ausdruck zu bringen – dann erschlage ich sie.

«Nimm das, Hektor!»

«Setz dich ruhig auf meinen Arm, Achilles.» Zack.

«Guck mal, Siegfried: ein Waldvögelein!»

Aber es hilft nichts: Jede Bremse, die ich erschlage, scheint im Sterben ihren großen Bruder zur Hilfe zu rufen, die Insektenplage nimmt alttestamentarische Formen an: «Aller Staub der Erde ward zu Mücken (…) Und die

Mücken waren sowohl an den Menschen als am Vieh.» (2 Mose 8:13–14) Nur dass hier kein Vieh weit und breit ist, auch kein anderer Mensch, und sich daher alle ausgehungerten Blutsauger auf mich allein stürzen.

Ich frage mich, ob es vielleicht doch ein Fehler war, das Insektenabwehrmittel zu Hause zu lassen, nur um beim Rucksackpacken knapp hundert Gramm Gewicht einzusparen. Ich schlage um mich wie ein von unsichtbaren Rachegeistern verfolgter Sünder und fange an zu rennen, den Waldweg entlang und die erste Abzweigung nach rechts. In der Ferne ein Hoffnungsschimmer, ein Lichtstrahl: Himmel, Sonnenlicht, von dem ich weiß, dass Vampire und Bremsen es scheuen wie der Teufel das Weihwasser. Nichts wie hin!

Ich kraxle hastig über eine umgestürzte Esche und trete mir dabei den Fuß um, humple weiter, gelange an ein Brennnesselfeld, ich trage kurze Hosen, aber egal: Seit Kindergartentagen hafte ich dem Aberglauben an, dass Nesselkapseln nicht weh tun, wenn man beim Hautkontakt den Atem anhält, also atme ich tief ein und renne los, mittenmang durch die hüfthohen Stauden – dann stehe ich endlich im Freien. Arme und Beine von roten Pusteln übersät, aber glücklich, finde ich mich am Waldrand auf einer riesigen betonierten Freifläche wieder: geschätzte tausendfünfhundert Quadratmeter sonnenverblichener Zement, menschenleer, mitten in der Botanik.

Erkenntnisse beim Mittagshalbschlaf

1.
Das Zirpen der Grillen am Feldrain
klingt wie eine Fahrradnabe im Leerlauf.

2.
Das Schlagen der Feldlerchen klingt wie das Ballergeräusch
des Achtziger-Jahre-Videospiels Galaxy Defender.

3.
Es ist offenbar schwer bis unmöglich, den Referenzraum
der Kultur abzustreifen, auch wenn man diese körperlich
hinter sich gelassen hat.

4.
Wer immer den Mittagshalbschlaf erfunden hat,
war ein sehr, sehr weiser Mann.

5.
Jedenfalls weitaus weiser als der, der die Zehn Gebote
zum WdgW ersonnen hat.

Als ich erwache, hat die Sonne die gigantische Betonplatte, auf der ich mich niedergelassen habe, gehörig aufgeheizt: Ich bin nassgeschwitzt, dafür sind die Wandersocken, die ich ausgezogen und über die Griffe meiner Teleskopstöcke gestülpt habe, getrocknet. Ich wage kaum, mich zu erheben; auf dieser mysteriösen, menschenleeren Platte fühle ich mich geborgen wie auf einer Insel inmitten feindlicher Fauna und Flora.

Ich wandere langsam den Rand entlang, suche nach möglichen Auswegen. Eigentlich, so stelle ich fest, gibt es nur zwei Möglichkeiten: Entweder gehe ich zurück in den

Der Weg des geringsten Widerstands

Forst der Killerinsekten – nie und nimmer. Oder ich folge den Überresten eines mit hüfthohen Brennnesseln bestandenen Fahrwegs, er verläuft an einem kleinen Kanal entlang, der Sonne nach zu schließen ziemlich genau nach Westen. Ich ziehe trotz der Hitze meine langen Hosen an und stürze mich in die Nesseln.

Offensichtlich befinde ich mich noch auf dem Territorium der ehemaligen DDR: Jeder, der schon einmal in Ostdeutschland im ländlichen Raum unterwegs war, kennt die typischen Lochplatten aus Beton, die dort allenthalben verlegt wurden, je zweimal acht Löcher in einer rechteckigen Platte, durch die das Unkraut schießt, außerdem zwei eingelassene Metallhaken zum zügigen, seriellen Verlegen der vorfabrizierten Bauteile. Ein alter militärischer Kolonnenweg. Ich hebe die Hände, als würde ich mich ergeben, als wollte ich zeigen, dass ich keine Waffe bei mir trage – aber die Geste gilt nicht den Geistern der NVA-Soldaten, sondern den Blättern der Nesseln, mit denen ich nicht in Kontakt kommen möchte.

Nach zwanzig Minuten verläuft ein Weidezaun quer über den Weg, ich klettere darüber und treffe wenig später auch die Tiere, die durch ihn in Schach gehalten werden: eine Herde junger Rinder, Färsen und Ochsen gemischt, prächtige rotbraune Tiere mit glänzendem Fell, manche mit einer Britpopper-artigen Tolle auf der Stirn; sie lagern beschaulich im Schatten einer Eiche. Ich kann mich nicht beherrschen. Immer wenn ich Kühe treffe, spreche ich sie an, das heißt, ich beginne aus voller Kehle zu muhen. Die Kunst besteht darin, mit einem tiefen, bronchialen Brustton zu beginnen und die Stimme, kurz bevor die Luft ausgeht, nach oben wandern und in eine brüchig-flehende Kopfstimme kippen zu lassen. Offenbar gelingt mir das heute ausnehmend gut: Die komplette Herde erhebt sich, Popo hoch und mächtiger Rahmen hinterher, und folgt mir anstandslos, als wäre ich der Leitbulle.

Ich denke, wieder einmal, an das Buch Deuteronomium (Spätfolge der Begegnung mit Pastor Gerd): Ich fühle mich wie ein Moses der Kühe – aber auch mit dieser Rolle heillos überfordert, schließlich gibt es kein Gelobtes Land, wo ich sie hinführen könnte. Außerdem sind meine Begleiterinnen noch jung und ungestüm, immer wieder hopst eine von ihnen mit einem lustigen Färsensprung haarscharf an mir vorbei, eine halbe Tonne Rindfleisch außer Rand und Band, und ich bin mir nicht sicher, ob die

Meine Follower

Tierchen ihre Kraft und Masse richtig einzuschätzen wissen. In der sachsen-anhaltinischen Pampa erst von Kühen zertrampelt und dann von Pferdebremsen aufgefressen zu werden, während Brennnesseln den sterbenden Leib mit roten Quaddeln überziehen: Das wäre schon ein ausnehmend alberner Tod.

Ich beschleunige behutsam meinen Schritt und gehe mit meinem Gefolge bis zum nächsten Weidezaun – dann werfe ich meinen Rucksack darüber und klettere, so schnell ich kann, hinterher. Die Kühe sammeln sich auf der anderen Seite, schauen mir lange nach. Ihrem Gesichtsausdruck und vorwurfsvollen Muhen nach zu schließen sind sie enttäuscht von mir, obwohl sie es doch insgeheim geahnt hatten: Schon wieder ein falscher Prophet!

Ein Wachturm zu meiner Linken, ähnlich typisch wie die Lochplatten des Kolonnenwegs: Modell BT-9 (das B steht für Beobachtung, das T für Turm). Nun wird mir auch klar, wozu die riesige Betoninsel, auf der ich eben Rast machte, gedient haben muss: Sie lag direkt an der Grenze; hier konnte die NVA Militärfahrzeuge und gegebenenfalls Panzer zusammenziehen, ohne befürchten zu müssen, dass diese im morastigen Untergrund der Landgraben-Dumme-Niederung versanken.

Ich gehe feindwärts, überschreite erst eine Bundesstraße und dann die ehemalige Grenze – eine große touristische Unterrichtungstafel (weiße Schrift auf braunem Grund) buchstabiert es noch einmal aus für alle, die Wachturm und Lochplatten nicht zu lesen wissen: «Hier waren Deutschland und Europa bis zum 23. Dezember 1989 um 6 Uhr geteilt.»

Ich folge weiter dem Lüchower Landgraben, der mich seit meiner Mittagsrast begleitet hat, dann einem anderen Kanal. Während ich zunächst bei der Wegwahl noch die allmählich sich nach Westen neigende Sonne berücksichtige, mir ihre letzten warmen Strahlen ins Gesicht funzeln lasse, orientiere ich mich schließlich nur noch am Wasser und seinem Lauf. Einmal mehr rufe ich mir die weisen Worte von Henry David Thoreau ins Gedächtnis: «Ich glaube, dass es einen feinen Magnetismus in der Natur gibt, der uns, wenn wir uns ihm unbewusst überlassen, den richtigen Weg weisen wird.» Wohlan.

Einer weiteren braunen Unterrichtungstafel entnehme ich, dass es sich bei dem Fluss an meiner Seite inzwischen wieder um die jute alte Jeetze handelt – die hier, ich befinde mich inzwischen in Niedersachsen, aber plötzlich aus unerfindlichen Gründen Jeetzel heißt, mit einem L am Ende: Nimmt der Name des Flusses mit der Länge zu? Wird er womöglich weiter stromabwärts Jeetzeln heißen? Ich weiß es nicht – weiß nur, dass ich enormen Durst und nichts mehr zu trinken habe, und die dunkelbraun dahinschluppernde Jeetzel ist die einzige Wasserquelle weit und breit.

Der fäkalhumorige Reim über dem Salzwedeler Puparschbrunnen erscheint mir plötzlich weitaus weniger komisch als noch heute Morgen. Zudem dürften in den Fluss kackende Zweibeiner in dieser menschenleeren Gegend das geringere Übel sein: Heikler sind vermutlich meine Freundinnen, die Kühe, die solche Schilder nicht lesen können; ihre Halter, die munter Gülle auf die Felder kippen; sowie die über sechzig Millionen Hähnchen, die in niedersächsischen Ställen vor sich hin vegetieren und sicher auch mal müssen. Zwei Drittel des deutschen Mastgeflügels kommen aus Niedersachsen, der *SPIEGEL* nannte das Bundesland vor ein paar Jahren mal das «Mekka der Mäster». Aber was hilft's? Ich muss dringend etwas trinken. Ich knie am Ufer nieder und senke meine Trinkflasche in die obskure Brühe, bis sie voll ist. Dann werfe ich zwei Desinfektionstabletten hinterher, die ich immerhin in weiser Voraussicht mitgenommen habe, genau für Fälle wie diesen.

Im nächsten Ort begrüßt mich ein großes gelbes X aus Holzleisten, es ist an einen Gartenzaun genagelt. Ein weiteres X lehnt im Fenster des nächsten Hofes, gelbe Andreaskreuze allenthalben: Symbole des Widerstands gegen die Castor-Transporte in das Atommülllager Gorle-

ben – ich muss mich inzwischen im Wendland befinden. Die Zahl der beißfreudigen Insekten, so registriere ich erfreut, hat signifikant abgenommen – liegt's an dem vergleichsweise trockenen Untergrund oder an der radioaktiven Strahlung?*

Ich wanke weiter die Jeetzel entlang, bis ich nicht mehr

* Tatsächlich, so wird eine im Spätsommer 2017 veröffentlichte Studie berichten, ist die Zahl der Fluginsekten in Deutschland dramatisch zurückgegangen: In den vergangenen 27 Jahren hat ihre Gesamtmasse um mehr als 75 Prozent abgenommen. Die Heerscharen, gegen die ich mich am Morgen zur Wehr setzen musste, waren also eher die Ausnahme von der Regel.

wanken mag. Ich trinke ihr mittlerweile hoffentlich desinfiziertes Wasser, ich bade in ihr, baue an ihrem Ufer mein Zelt auf und gehe zeitig zu Bett. Bevor ich einschlafe, schreibe ich im Schlafsack, den feinen Gesang der zu abendlichem Leben erwachten Moskitos im Ohr, ein Loblied auf meinen Reiseproviant, frei nach Paul Celan sowie Mechtilde Lichnowskys «Litanei zur hl. Nicotinia»:

Abendpsalm
(zum Sirren der Insekten zu singen)

Gelobt seist Du, Pflaster,
das die Blasen verhindert.
Gelobt seist Du, Diclofenac,
das die Knieschmerzen lindert.
Gelobt seist Du, Micropur,
das die Keime im Trinkwasser killt.
Gelobt seist Du, Müsliriegel,
der den Hunger stillt.
Gelobt seist Du, Zelt,
mein provisorisches Zimmer.
Gelobt seist Du, Niemand –
wofür auch immer.

7

Was ich am siebten Tag auf dem WdgW gelernt habe

1.

Es gibt tatsächlich noch einen braunen Audi 80 Coupé, auf dessen Hutablage ein Nickdackel und eine braun umhäkelte Klopapierrolle liegen. Er parkt am nördlichen Ortsausgang von Lüchow.

2.

Der ADAC-Mitgliedsaufkleber befindet sich vorschriftsmäßig in der rechten unteren Ecke der Windschutzscheibe.

3.

Der Eisvogel ist aufgrund seiner braunen Brust von vorne nur schwer zu erkennen. Vor allem, wenn er auf einem braunen Holzpfosten an den braunen Wassern der Jeetzel sitzt.

4.

Es wäre naiv zu glauben, dass die Starenschwärme, die sich immer wieder wie auf ein geheimes Zeichen von ihrem Sitz auf den Blutbuchen erheben, in der Luft zu schwarzen Chiffren verdichten und dann wieder auseinanderstieben, uns damit nicht irgendetwas sagen wollen.

5.

Nur was?

6.

Am siebten Tage sollst du ruh'n /
Oder hunderttausend Schritte tun.

7.
Wenn es am siebten Tag mit der Ruhe nicht klappt, dann vielleicht am achten.

Ich träume, dass ich vom Geräusch läutender Kirchturmglocken geweckt werde. Unmöglich, denke ich, ich bin schon seit zwanzig Jahren nicht mehr von Glockengeläut geweckt worden, nicht seit ich aus dem frommen Tübingen ins gottlose Berlin gezogen bin. Außerdem liege ich in der Wildnis, in einem Zelt, geschätzt fünf Kilometer von der letzten Ortschaft entfernt: ergo keine Glocken, kann nicht sein, gute Nacht.

Ich schlafe wieder ein, nur um einen Augenblick später von dem gleichen Traum zu erwachen. Heiliger Bimbam: Ohne Zweifel, das ist kein Vogel-, sondern ein Glockenschlag, ein Wind muss ihn von weit her über das Land wehen. Ich blicke auf mein Mobiltelefon: Es ist acht Uhr. Sonntagmorgen.

Da heute der Tag der Ruhe ist, da zudem der Himmel über den Flussauen, so weit ich ihn vom Zelteingang aus überblicken kann, ausgesprochen grau aussieht und meine Beine sich ausnehmend müde anfühlen, bleibe ich noch etwas im Schlafsack liegen, knabbere an einem Schokoriegel und süppele nach Silberchlorid schmeckendes Jeetzelwasser. Wegen der klammen Kälte habe ich im Lauf der Nacht alles, was ich an Kleidungsstücken bei mir trage, angezogen oder über meinem Sommerschlafsack aufgetürmt: Ich trage Merinounterwäsche, Trekkinghose und Fleecepullover, Regenhose und Gore-Tex-Jacke, über das Fußende des Schlafsacks habe ich den Regenschutz für den Rucksack gestülpt und mir die Wollmütze über die Glatze gezogen – trotzdem habe ich gefroren wie ein Schneider.

Ich muss gestehen, ich habe diesen Sommer schlicht überschätzt.* Nach sechs Tagen unterwegs fühle ich mich erstmals ausgelaugt, erschöpft. Als guter Preuße habe ich meine Wanderung an einem Montag begonnen, und eigentlich hatte ich den Plan gehegt, alle sieben Tage, also jeden Sonntag, also zum Beispiel heute, eine Rast einzulegen. Bevor ich aufbrach, sah ich mich vor meinem schwärmerischen geistigen Auge in der Sonne vor dem Zelt liegen, lesen, schreiben, die durchgeschwitzte Funktionswäsche in einem klaren Flüsschen auswaschen, in den Bäumen zum Trocknen aufhangen und ansonsten den HErrn einen Supertyp sein lassen. Aber so wie das Wetter heute ist, erscheint dieser Gedanke sehr fern und utopisch – missmutig quäle ich mich aus dem Schlafsack, baue mein Zelt ab, stopfe alles in den Tornister.

Ich trotte schwerfüßig weiter die Jeetzel flussabwärts, ein sachter Südwind hilft mir dabei. Am Ortsrand von Lüchow lässt mich ein gewaltiger Apfelbaum innehalten: Es handelt sich um einen sogenannten Mehrsortenbaum, vom örtlichen Gärtnermeister Bruno Majewski 1943 zusammengepfropft aus «Jakob Lebel» und «Boskoop». Der Vorteil eines solchen Zwitterbaums: Die beiden Sorten

* Tatsächlich wird der Juli 2017 als einer der kühleren und regenreichsten der letzten Jahrzehnte in die meteorologischen Annalen eingehen – zumindest in Norddeutschland: Im Rest der Welt ist es weiterhin für die Jahreszeit zu warm.

werden nacheinander reif und eignen sich für verschiedene Verwendungszwecke: Jakob Lebel ergibt hervorragendes Apfelmus – der Schöne aus Boskoop hingegen eignet sich zur Kompottherstellung und als Kuchenbelag, und man kann ihn im Gegensatz zu Herrn Lebel den ganzen Winter lang lagern. Vermutlich verdankte sich die Schöpfung dieses Baumes der Nahrungsmittelknappheit im Krieg, in diesem ohnehin kargen Landstrich.

«Mehrsortenbäume sind auch heute noch empfehlenswert für kleine Gärten und Singlehaushalte», lässt mich ein neben dem Baum angebrachtes Schild wissen – ein rührender Gedanke: Die meisten Singles, die ich kenne, können kaum einen Avocado-Kern im Wasserglas zum Keimen bringen, geschweige denn eine Obstbaumunterlage mit einem neuen Ast veredeln ... Aber, ach, wie gerne würde ich mir heute ein zweites Paar Beine aufpfropfen, irgendwo in der Unterleibsgegend! Dann könnte ich mit dem einen Paar marschieren, während das andere sich ausruht. Ein Mehrsortenmensch, das wär's.

Da ich, abgesehen von dem Schokoriegel, heute noch nichts gefrühstückt habe und das Abendessen gestern ähnlich frugal ausfiel, lockt mich der Anblick eines Restaurants am Flussufer: «Ristorante da Mario», lese ich, und auf einer Kreidetafel darunter: «Frische Pffeferling! Frisch Steinpilz. T-BONE-STEAK! Original italienischer Holzbackofen!» Das Steak kann mir gestohlen bleiben, die Herkunft des Holzbackofens ist mir egal – aber der Gedanke an Pffeferling und frisch Steinpilz lässt mir jeetzelmäßig das Wasser im Mund zusammenlaufen.

Zum Frühstücken ist es reichlich spät, zum Mittagessen eigentlich zu früh, egal: Ich betrete den Biergarten, wuchte meinen Rucksack neben mich auf die Bank und bestelle die *Tagliatelle con porcini e tomate*. Obwohl ich der einzige Gast bin, habe ich das dringende Bedürfnis, mich vor dem Essen ein wenig frisch zu machen, der Wechsel vom Zeltmodus zurück in die Zivilisation ist schwieriger als andersherum. Als ich das Restaurant betrete, die Toilette suche, winkt mich ein älterer Herr mit geheimnisvoller Geste in einen Nebenraum, deutet auf eine Plastiktüte. Da sollen die Toiletten drin sein? Ich beuge mich über die Tüte, öffne behutsam die Lasche und erblicke ein halbes Dutzend prächtiger *porcini*. Der Herr nickt voll Finderstolz, bedächtig: «Heute Morgen im Wald gesammelt!»

Er ist grauhaarig, kräftig und offensichtlich Mario; den rechten Arm trägt er in einer Schiene. Er habe sich die Sehne gerissen, erklärt er, als er meinen Blick sieht: Versuchte, einen schweren Eichentisch zu heben, zack, autsch, kaputt. Und nun wolle die Krankenversicherung nicht zahlen, weil er doch angeblich hätte wissen müssen, dass er in seinem Alter keine Eichenmöbel mehr heben dürfe, Mario hebt ratlos die linke, unverletzte Schulter, man sieht: Wenn sein Arm nicht fixiert wäre, würde er mit den Händen sprechen.

«Rechtshänder», sagt er: Nun könne er sechs Wochen lang nicht in der Küche arbeiten. Aber Pilze sammeln, das gehe noch, deshalb sei er heute in aller Frühe raus in den Wald, und überhaupt: ein Glück, dass er sich nicht eine Sehne am Fuß gerissen habe, «dann könnte ich nicht mehr weglaufen, vor meiner Frau, vor der Arbeit!» Weg von hier, das sei sein Ziel, er lacht konspirativ; ich lache solidarisch mit, § 10 WdgW, wir verstehen uns.

Ich frage mich: Findet mein Regelwerk allmählich osmotisch seinen Weg in das kollektive Unbewusste meiner Mitmenschen? Oder fällt es gerade bei Pilzesammlern auf besonders fruchtbaren Boden? Ähnelt die serendipische Suchbewegung, mit der man sich bei der Pilzjagd ziellos durch den Wald treiben lässt – ohne vorherbestimmten Weg, immer nur von einem keimenden Myzel zum nächsten –, nicht auf verblüffende Weise den Prinzipien, von denen ich mich gerade leiten lasse? Ist der Weg des geringsten Widerstands womöglich nichts anderes als der Weg des umherschweifenden Pilzsuchers?

Der weitere Weg an der Jeetzel entlang ist einsam, eintönig. Ich sehe Starenschwärme, die mit ihrer Flugbahn unleserliche Hieroglyphen in den Himmel schreiben, und muss an Ludwig Wittgenstein denken: «Hat es Sinn, auf eine Baumgruppe zu zeigen und zu fragen ‹Verstehst du, was diese Baumgruppe sagt?›», so der Philosoph, «könnte das nicht eine Geheimsprache sein?» Ich treffe einen Ornithologen, der mir diese Frage auch nicht beantworten kann, dafür aber einen Eisvogel zeigen will, gerade eben saß er noch da drüben auf einem Pfahl am Wasser, ganz bestimmt!, eine Viertelstunde lang kauern wir mit seinem Feldstecher im Gras, aber der Eisvogel ist verflogen oder durch sein Gefieder zu gut getarnt. Zum wiederholten Male sehe ich neben dem Deich ein Warnschild: «Vorsicht, Düker!» und frage mich, was ein Düker ist und warum er so gefährlich sein soll. Ich habe sehr viele Ohrwürmer.

Die Vorstellung, dass man beim Gehen besonders gut denken kann, ja, dass erfolgreiches Denken geradezu gleichzeitiges Umherwandern voraussetzt, gehört zu den ausgelatschteren Topoi der abendländischen Geistesgeschichte. Sie nimmt – wie so vieles – ihren Ausgang bei Aristoteles, der seine philosophische Schule in Athen in einem Wandelgang, einem sogenannten *perípatos* errichtete (weshalb man seine Schüler auch als Peripatetiker und seine Methode als peripatetisches Philosophieren bezeichnet). Ob Aristoteles tatsächlich im Gehen lehrte oder mit seinen Schülern auch gelegentlich in der Wandelhalle Platz nahm, ist umstritten. Fest steht, dass das Bild des rastlos umherschweifenden, in Gedanken versunkenen Philosophen, der allenfalls stehen bleibt, um erleuchtet «Heureka!» zu schreien und der Welt seine Erkenntnisse mitzuteilen, seitdem aus dem Kanon unserer Klischeevorstellungen nicht mehr wegzudenken (oder gar wegzugehen) ist.

Zumal seit der Renaissance und der mit ihr einhergehenden Wiederentdeckung des Aristoteles wurde diese Vorstellung immer wieder beschworen: «Meine Gedanken schlafen ein, wenn ich sitze», notierte der humanistische Philosoph Michel de Montaigne, «mein Geist rührt sich nicht, wenn meine Beine ihn nicht bewegen.» – «Ich kann nur beim Gehen denken», sekundierte der leidenschaftliche Wanderer Jean-Jacques Rousseau: «Bleibe ich stehen, tun dies auch meine Gedanken.» Der österreichische Autor Thomas Bernhard schreibt: «Wenn wir gehen (…), kommt mit der Körperbewegung die Geistesbewegung (…) Wir gehen mit unseren Beinen, sagen wir, und denken mit unserem Kopf. Wir könnten aber auch sagen, wir gehen mit unserem Kopf.» Und der Philosoph Michel Serres meint, in konsequenter Fortführung und Umkehrung dieses Gedankens: «Jawohl, definitiv, man denkt und man schreibt mit den Füßen.»

Das klingt alles herrlich überzeugend, scheint physiologisch einleuchtend und entspricht auch meiner subjektiven Erfahrung: Wenn ich beim Sitzen ins *Grübeln* gerate, mich also im Wortsinn in einen Gedanken ver*grabe,* dann gibt es nichts Besseres, als dieses zerebrale Auf-der-Stelle-Treten durch einen Spaziergang, eine Runde Joggen, Schwimmen oder eine Tour mit dem Fahrrad zu lösen.

Aber, liebe Peripatetiker, lasst euch gesagt sein: Körperliche Bewegung hilft nicht immer. Im Gegenteil, bisweilen kann die monotone, meditative Tätigkeit des Gehens auch dazu führen, dass man überhaupt nicht mehr denkt. Dass man nur noch eine stumpfe, stumme Ansammlung von Muskeln, Sehnen und Gelenken ist, die mehr oder minder zuverlässig ineinandergreifen, sich ansonsten jedoch vor allem: ausruhen wollen. Dass man zu müde ist, um ein unbekanntes Wort nachzuschlagen, zu ungeduldig, um durch ein Fernglas zu starren, zu phantasielos, um den Vogelflug zu lesen, und zu schwach, um sich der Karawane herankriechender Ohrwürmer zu erwehren. Heute, liebe Peripatetiker, ist so ein Tag.

Ich gehe …

Ich gehe …

Ich gehe …

Aber die «Gedanken», die sich dabei einstellen, sind diesen Namen nicht wert.

Nach Stunden gedankenlosen Gehens erreiche ich endlich die Stadt Dannenberg. Ich nehme das erstbeste Pensions-

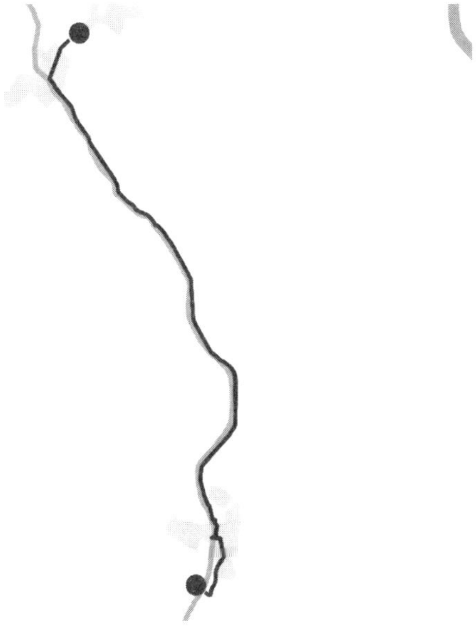

zimmer am Platz; es gibt nur noch ein Zweierzimmer, auf dem einen Bett breite ich meine klammen Klamotten aus, auf dem anderen meinen Körper, und lese in der von den Herbergsbetreibern bereitgelegten Informationsmappe. Besonderer Tipp für die englischsprachigen Gäste: *Visit the interim storage units in Gorleben (known for its Castro transports)*. Ein Endlager für den vor einem halben Jahr verstorbenen kubanischen Revolutionsführer und *Comandante en Jefe*? Nein, nur ein Buchstabendreher: Gemeint sind natürlich die Castor-Transporte.

Beim Einschlafen träume ich von einem Navigationsgerät, omnipräsent, unsichtbar: Ich trage es beim Wandern am Körper, weiß aber nicht, wo. Es spricht mit einer Frauenstimme, die so klingt, als hätte die Sprecherin halblange, mittelblonde Haare und trüge ein frischgestärktes hellblaues Hemd. Sie sagt nur einen einzigen Satz, den aber immer wieder, alle paar Sekunden, mit der Regelmäßigkeit eines Geigerzählers:

Ihre Route wird neu berechnet.
Ihre Route wird neu berechnet.
Ihre Route wird neu berechnet.

Ohrwürmer heute

Bob Dylan, «Like a Rolling Stone»
Nancy Sinatra, «These Boots Were Made for Walking»
Leon Redbone, «Walking Stick»
Herr Nilsson, «Krötenwanderung»

8

Was ich am achten Tag auf dem WdgW gelernt habe

1.

Wenn man als Wanderer unterwegs einem fremden Menschen begegnet, lautet die erste Frage grundsätzlich: «Und, wo kommen Sie her?»

2.

Die zweite: «Und, wo gehen Sie hin?»

3.

Offenbar können wir als in Zeit und Raum endliche Wesen nicht anders als teleologisch, also ursprungsbegründet und zielorientiert denken.

4.

Wenn man dem fragenden Fremden erklärt, dass man sich auf dem WdgW befinde, lautet die verständnisvolle Antwort stets: «Ah ja, der Weg ist das Ziel.»

5.

Das ist Unsinn: Der Weg ist der Weg, und das Ziel ist das Ziel. Es geht vielmehr darum, den Weg möglichst widerstandsfrei zu gestalten. Das Ziel ergibt sich dann von selbst.

6.

Wenn der Fremde nicht nach Herkunft und Bestimmung fragen würde, sondern danach, wo man sich gerade befindet, wäre das natürlich auch komisch.

7.
Es sei denn, er wäre genauso verloren wie ich.

Beim Aufwachen keine Kirchenglocken, dafür ein Zitat von Franz Kafka: «Weil ich hungern muss, ich kann nicht anders» – die letzten Worte des Hungerkünstlers aus der gleichnamigen Erzählung kommen mir in den Kopf gespukt: «Weil ich nicht die Speise finden konnte, die mir schmeckt. Hätte ich sie gefunden, glaube mir, ich hätte kein Aufsehen gemacht und mich vollgegessen wie du und alle.»

Warum ausgerechnet diese Stelle? Was will mir der Zitatezufallsgenerator in meinem Assoziationskortex damit sagen? Vielleicht dieses, denke ich, während ich dusche und die Sachen packe: Weil ich laufen muss, ich kann nicht anders. Weil ich nicht den Ort finden konnte, der mir gefällt. Ich habe keinen guten Grund weiterzugehen, und trotzdem schon wieder Hummeln im Arsch. Es ist nichts Persönliches, Dannenberg, ich muss einfach weiter. Aber vorher frühstücken. Hunger habe ich nämlich durchaus.

Und dann, beim Betreten des Frühstücksraums, passiert es: Ich erblicke das Objekt meiner Begierde, den Fokus meiner feuchtesten Träume – eine Landkarte. Wie eine verbotene Frucht zieht sie meine Aufmerksamkeit auf sich, liegt verführerisch mit einigen Wanderführern und Informationsbroschüren etwa drei Meter von meinem designierten Frühstücksplatz entfernt auf einem Bücherbord, Teil der überschaubaren Bibliothek des Gasthofs.

Ich setze mich, entfalte die Serviette, zerknülle sie und

werfe sie zurück auf den Teller. Ich stehe auf, schleiche zum Bord und betrachte die Vorderseite des zugefalteten Blatts. Kein Firlefanz mit bunten Reliefzeichnungen, keine Abbildungen örtlicher Schenswürdigkeiten, keine 66 urigen Tourentipps – nein, eine ganz normale, ehrliche Wanderkarte, genordet, GPS-Gitter, Maßstab 1:50 000.

Ich fange an zu zittern wie ein trockener Trinker, den der Dämon der Sucht packt, wie ein Besessener, wenn Pastor Gerd ihm den Teufel austreibt. Was, wenn ich sie nur ganz kurz entfaltete und die schönste Route für den heutigen Tag …?

Ich blicke mich um: kein Zeuge, auch kein Engelchen, das mich abhalten könnte, weit und breit. Ich strecke die Hand aus, fahre behutsam mit den Fingerspitzen über das speckige Papier. Ich nehme die abgegriffene Karte, wiege sie in der Hand. Mir ist klar: Wenn ich jetzt, nach acht Tagen, anfange, die Karte zu studieren – dann kann ich die Wanderung gleich ganz abbrechen. Dann kann ich auch einen Pauschalurlaub buchen, bei dem alles vorausgeplant ist, Wachkoma mit Vollpension. Dann Sündenfall, dann Verlust der Unschuld, Vertreibung aus dem Paradiesgarten, Apokalypse. Wenn ich diese Karte aufschlage, ist es vorbei.

Ich rufe mir einen Mahnspruch der Anonymen Alkoholiker ins Gedächtnis: *One step at a time.* Mach immer nur einen Schritt auf einmal. Und dann noch einen. Und dann noch einen. Setze Fuß vor Fuß vor Fuß vor Fuß – ohne jemals zu wissen, was danach kommt.

Dann lege ich die Karte zurück.

Im Zentrum von Dannenberg erhebt sich weithin sichtbar der Waldemarturm: einziger Überrest der ehemaligen Burg, um das Jahr 1200 unter Heinrich I., Graf von Dannenberg, errichtet. Seinen Namen verdankt er dem dänischen König Waldemar II., der hier von 1223 bis 1224 gefangen gehalten wurde, inzwischen beherbergt er das örtliche Heimatmuseum.

Das Museum ist geschlossen, aber die Hauptattraktion kann man auch von außen sehen. Durch eine Plexiglasscheibe in der Wand blickt man direkt in das «Königsloch» – und, ja, es steckt genau das dahinter, was man vermuten würde: Es handelt sich um den ehemaligen Abort des Regenten. Normalerweise wurden Exkremente bei mittelalterlichen Burgen durch über die Mauer herausragende Erker in den dahinterliegenden Burggraben entsorgt – beim Bergfried von Dannenberg war das nicht möglich, da der Turm auf einer Anhöhe, dem Amtsberg, steht: Die Königskacke wäre einfach in den Schlosshof gefallen. Um das zu vermeiden, wurde in die über drei Meter dicken Außenmauern des Turmes ein Schacht eingebaut, dessen unteres Ende in eine Sickergrube führte und dessen oberes dem Herrscherhintern vorbehalten war.

Ein unerhörter Luxus für die damalige Zeit; zugleich aber auch ein Monument des Egalitarismus, eine Erinnerung daran, dass wir vor profanen körperlichen Bedürfnissen wie Schlafen, Essen und Defäkieren alle gleich sind: «Die Kaiser scheißen, die Kaiserinnen scheißen, die Könige scheißen, die Königinnen scheißen, der Papst scheißt, die Kardinäle scheißen, die Fürsten scheißen und die Erzbischöfe und Bischöfe scheißen, die Pfarrer und die Vikare scheißen», wie die notorisch analfixierte Prinzessin Lise-

Wegweiser in Dannenberg

lotte von der Pfalz 1694 in einem Brief an ihre Tante zu Protokoll gab: «Geben Sie zu, die Welt ist voll von ekelhaften Leuten!»

Vom rektalen zum radioaktiven Abfall: Ein paar Schritte unterhalb des Bergfrieds steht, neben dem obligatorischen wendländischen Andreaskreuz, ein Schilderstrauß – ein Wegweiser mit den Namen nuklearer Katastrophenorte sowie solcher, die es werden wollen.

Gorleben 20 km
Tschernobyl 1586 km
Krümmel 82 km
Wismut 345 km
Asse II 148 km

Ich muss, wie schon vor acht Tagen in Charlottenburg, an den surinamisch-niederländischen Wanderkunstpionier Stanley Brouwn denken: Der stellte in den sechziger Jahren in einem Galerieraum einen Wegweiser mit den Namen meilenweit entfernter Orte auf und lud die Betrachter ein, den Schildern zu folgen – und sei es nur für ein paar Schritte.

Ottawa
Khartum

Sollte ich mich an seinem Beispiel orientieren? Bis Fukushima sind es laut dem Fallout-Wegweiser 8866 Kilometer: Bei einer durchschnittlichen Geschwindigkeit von fünfundzwanzig Kilometern pro Tag wäre ich gut 354 Tage, also ein knappes Jahr unterwegs, um dorthin zu gelangen.

Allerdings wäre der Ort dann immer noch hochgradig radioaktiv verseucht: Das Isotop Caesium-137 etwa, das in großen Mengen bei der Reaktorkatastrophe austrat, hat eine Halbwertszeit von dreißig Jahren. Anders gesagt: Ich müsste 265 980 Kilometer weit wandern, bis dieses Isotop auch nur zur Hälfte abgebaut wäre – etwa sechseinhalbmal um die Erde. Komplett unmöglich. Aber zumindest die ersten Schritte kann ich, wie weiland die Galeriebesucher in Stanley Brouwns Ausstellung, tun: Ich wende mich Richtung Fukushima.

Weit komme ich allerdings nicht, vielmehr stelle ich an diesem Morgen einen neuen Rekord im Im-Kreis-Herumlaufen auf: Ich gehe eine (fast) perfekte Acht. Der Fukushima-Wegweiser führt mich zunächst ans Ufer des

Thielenburger Sees, eines trügerisch natürlich aussehenden Gewässers, das aber erdgeschichtlich noch sehr jung ist: Es wurde in den achtziger Jahren beim Neubau einer Umgehungsstraße zur Baumaterialgewinnung ausgebaggert. Ich folge dem Uferweg im Uhrzeigersinn, dem Sonnenlauf nach – bis ich etwa eine Dreiviertelstunde später wieder im Stadtzentrum unterhalb des Nuklearwegweisers ankomme.

Unter Berufung auf Amendment No. 4 («Du sollst nicht mehr als einmal im Kreis laufen») verzichte ich auf eine weitere Umrundung und folge nun dem neben dem See verlaufenden Flüsschen: Es handelt sich, wie ich einem Hinweisschild entnehme, um die Alte Jeetzel – offenbar können wir einfach nicht voneinander lassen. Doch schon nach ein paar hundert Metern versperrt mir die Uferbebauung den Weiterweg, reißt uns rüde auseinander: Ich muss an einem Fachwerkhäuschen links abbiegen, dann wieder links, folge den verwinkelten Altstadtgassen – und stehe nach einer guten Stunde wieder vor der Tür des Gasthofs, wo ich übernachtet habe.

Entschlossen nehme ich den einzigen Weg, den ich bislang noch nicht gegangen bin, und folge dem straßenbegleitenden Radweg in Richtung Pisselberg. Die Gegend ist übrigens, anders als die Ortsnamen nahelegen, ausnehmend flach: Der Berliner Kreuzberg nimmt sich im Vergleich zu Dannen- und Pisselberg als hochalpiner Gipfel aus. Einzig im Westen erhebt sich der breite Rücken des Drawehn-Höhenzugs, eine gigantische, baumbestandene Endmoräne, Überbleibsel der Saale-Eiszeit.

Am Straßenrand, an einem Eichbaum in einer Kurve,

ein Kreuz. Ausnahmsweise keines der gelben Anti-AKW-Kreuze, die hier in jedem zweiten Vorgarten stehen, sondern ein reguläres christliches Kreuz, darauf der Name eines (mutmaßlich jungen) Mannes. Ein Unfallopfer. Neben das Kreuz ist ein Stein in Herzform auf den Boden gebettet, darauf prangt in geschwungenen Buchstaben die Inschrift: *Nimm dir Zeit, um zu träumen. Das ist der Weg zu den Sternen*. Ein altes irisches Sprichwort, das mir als Wanderer auf dem WdgW unmittelbar einleuchtet. Dennoch komme ich nicht umhin, mich zu fragen, ob es sich um einen passenden postumen Rat für einen Verkehrstoten handelt, der womöglich schlafend, trunken, träumend gegen einen Baum gefahren ist.

Pisselberg selbst ist ein stattlicher Ort, er besteht aus einem guten Dutzend niederdeutscher Hallenhäuser: vorwiegend Vierständerhäuser, die Konstruktion der Gebäude lastet also auf vier senkrechten Balkenreihen – ein Zeichen vergleichsweise großen Wohlstands.

Offenbar ist das Dörfchen Mitte des neunzehnten Jahrhunderts einer Feuersbrunst zum Opfer gefallen und erst danach in der gegenwärtigen Pracht und Größe wiederaufgebaut worden. Jedenfalls wimmelt es auch hier von Gedenksprüchen: Auf dem horizontal verlaufenden Hauptbalken eines jeden Hauses steht in weißer Farbe und Frakturschrift, beinahe entschuldigend, man habe nicht etwa «aus Lust» und Protzerei so schön und neu «gebauet», sondern nur «aus Noth», weil der vorherige Hof im Jahre des Herrn 1847 leider abgebrannt sei. Nun: Wenn so die Not aussieht, will ich sie mir gerne gefallen lassen.

Besonders begeistert mich der Hausspruch auf einem Hof am nordwestlichen Ortsrand:

Wo sind nun unsre Häuser?
Sie wurden als die Reiser
am 27sten August 1847 verzehret durch die Glut.
Wir suchten allerwegen,
wo wir doch bleiben mögen
gleichwie ein armer Fremdling thut.
Man hörte auf den Gassen
von u.s.w.

– ja, die salbungsvollen Worte enden tatsächlich abrupt mit einem lapidaren «und so weiter». Kurios.

Ich bleibe stehen, beginne, die Zeilen leise vor mich hin zu summen: Metrum und Reimschema sind erkennbar von dem «Abendlied» von Matthias Claudius inspiriert, das seinerseits von dem geistlichen Lied «Nun ruhen alle Wälder» von Paul Gerhardt beeinflusst ist. Der Hausspruch steht mithin in einer guten protestantischen Liedtradition – was auch erklären mag, weshalb den Hallenhausbauern die Pracht ihrer neuerbauten Höfe angeblich so peinlich war: Im katholischen Schwarzwald findet man weitaus größere Höfe, aber keine solch asketisch-selbstkasteienden Haussprüche.

Tatsächlich, so finde ich später durch emsiges Gesangbuchwälzen heraus, handelt es sich bei den zitierten Zeilen um die leicht modifizierte und an die konkrete Situation in Pisselberg angepasste Version eines Kirchenlieds, das etwa im Hannover'schen Kirchengesangbuch von 1841 im Abschnitt «In gemeiner Noth und zwar in Feuers= und

Wassers= Noth» unter der Überschrift «Für Abgebrannte» aufgeführt ist. Im Original geht es weiter mit den Worten:

Man höret auf den gassen
Von denen, die verlassen,
Ein kläglich angst=geschrey:
Ach weh! wer will der armen
Sich fernerhin erbarmen,
Wer steht uns in dem jammer bey?

Warum nur steht auf dem Hallenhaus in Pisselberg anstelle dieser dramatischen Schilderung und Klage das schlichte Kürzel «u.s.w.»? Nun: Vermutlich wussten ohnehin alle im Dorf, wie der Text weitergeht, und konnten sich den Rest dazudenken. Und vor allem, ganz pragmatisch: An dieser Stelle war der Balken zu Ende.

Hinter Pisselberg stoße ich wieder auf die Jeetzel – ach, Jeetzel, alte Freundin, wie hast du mir gefehlt! Zu meiner Rechten fährt ein Traktor übers Feld, ein Bauer nutzt den Moment der Trockenheit in diesem ansonsten ausnehmend regnerischen Sommer, um zu mähen. Vier Störche staksen majestätisch hinter der Mähmaschine einher und stochern mit ihren schwertförmigen Schnäbeln im Gras nach aufgeschreckten, ihres Unterschlupfs beraubten oder bereits vorfiletierten Kleintieren.

Der Weg auf dem Hauptdeich ist nun überaus unwiderständig, fast beängstigend bequem. Trotzdem verzögert sich meine Weiterwanderung, weil mir beim Herausbrechen der Sonne und dem herrlichen Blick auf den kiefernschwarzen Drawehn plötzlich höhere Wesen befehlen, sofort den Rucksack fallen zu lassen, die Isomatte auszurollen und mich zum Mittagsschlaf auf den Boden zu legen. Ich tue, wie mir geheißen, formuliere im Wegdämmern noch kurz das

Amendment No. 6

Wenn dir höhere Wesen befehlen, sofort den Rucksack fallen zu lassen, die Isomatte auszurollen und dich zum Mittagsschlaf auf den Boden zu legen: Tue, wie dir geheißen!

– und als ich eine halbe Stunde später wieder aufwache, bin ich schon fast in Hitzacker.

Hitzacker ist ein Traum in Backsteinrot und Fachwerkbraun und Stockrosengrün und glimmt heute herrlich in der Sonne – auch wenn der Ortsname, wie ich enttäuscht erfahren muss, gar nichts mit *Hitze* zu tun hat. Angeblich verdankt er sich einem friesischen Ritter namens Hiddo, der die Ländereien von Heinrich dem Löwen geschenkt bekam: *Hidesaker*. Das Städtchen liegt an der Einmündung der Jeetzel in die Elbe: Die strategisch bedeutsame Gegend ist schon seit fünftausend Jahren besiedelt, der Großteil der Gebäude stammt aber aus dem sechzehnten und siebzehnten Jahrhundert, da eine gewaltige Feuersbrunst (auch hier) die Stadt in Schutt und Asche legte.

Inzwischen droht Gefahr eher durch das Elbwasser: Die Altstadt liegt nur elf Meter über Normalnull, 2002 wurde die Stadt von einem Jahrhunderthochwasser heimgesucht, vier Jahre später schon wieder. Seit zehn Jahren schützt daher eine mächtige Deichanlage das denkmalgeschützte

Ensemble, die dahinter verlaufende Promenade trägt den Namen des berühmtesten Sohnes der Stadt: Prinz-Claus-Promenade.

Für mich persönlich hat der Name Hitzacker einen ganz besonderen Klang, weil es mich und meinen Bruder, soweit ich weiß, ohne diesen Ort überhaupt nicht gäbe. Ich setze mich auf eine Bank mit Elbblick, hole das Mobiltelefon aus dem Rucksack und wähle die Nummer meiner Eltern.

Freiton: «Tuut. Tuut. Tuut. Tuu–»

Meine Mutter: «Ja?»

Ich (überschwenglich): «Hallo, Mama!»

Mutter (überrascht): «Ach, hallo. Wie geht's dir denn? Was macht deine Wanderung?»

Ich (euphorisch): «Gut. Gut. Du, rat mal, von wo aus ich gerade anrufe?»

Mutter: «Äh ... keine Ahnung.» (Wie sollte sie das auch wissen?)

Ich (begeistert): «Aus Hitzacker!»

Mutter (unbeeindruckt): «Aha.»

Ich (schon etwas weniger begeistert): «Na ... Papa und du ... ihr habt euch doch hier in Hitzacker kennengelernt ... oder?»

Mutter: «Nee! Das war in Heilbronn. Papa war tatsächlich irgendwann mal in Hitzacker, bei den Sommerlichen Musiktagen. Aber das war viel später. Kennen tun wir uns aus Heilbronn.»

Ich (ernüchtert): «Ach so. Aha. Na, dann. Mir ...»

Mir wird plötzlich klar, warum ich die längste Zeit meines Lebens dachte, dass Hitzacker irgendwo nördlich von Stuttgart liegt. Und: Mir wird ebenfalls klar, dass ich mich schon seit Tagen unbewusst danach sehne, dass der WdgW mich doch – zufällig – an einen biographisch bedeutsamen Ort führen möge. An eine Stätte von Relevanz für mein Dasein, und sei es auch nur die Stadt, wo einer meiner Erzeuger zum anderen zum ersten Mal *Hallo-äh-ist-hier-noch-frei?* sagte.

Bei fast allen Wanderbüchern der jüngeren Vergangenheit findet sich dieser Impuls: Als der Hamburger Reporter und Autor Michael Holzach sich 1980 aufmachte, um ein halbes Jahr mit Hund, aber ohne Geld durch Deutschland zu wandern, klapperte er vorsätzlich alle prägenden Orte seiner Kindheit, Jugend und Studentenzeit ab: sein ehemaliges Internat in Holzminden. Sein altes Studentenwohnheim in Bochum. Das Haus seines verstorbenen Vaters in Bergisch-Gladbach. «Ich wollte einfach losgehen und die Orte ansteuern, die mit mir persönlich etwas zu tun haben», schreibt er in *Deutschland umsonst*: «Wen interessieren schon Holzminden oder Heppenheim oder Bergisch-Gladbach, fragte ich mich, die interessieren vor allem mich selbst.» Fluchtpunkt seiner beschwerlichen Wanderung (Ödipus, ick hör dir trapsen) ist denn auch nichts weniger als das Bett seiner in München lebenden Mutter, der er durch seine Wanderung beweisen will, dass er kein «Schlappschwanz» sei – zum Glück weilt sie, während der Sohn sich schlaflos in ihren parfümierten Laken wälzt, gerade auf Sylt.

Auch der englische Lyriker Simon Armitage machte sich für sein Wanderbuch *Walking Home* (wie der Name verrät) auf den Weg nach Hause: Er lief im Sommer 2010 die 256 Meilen des Langstreckenwanderwegs Pennine Way von Kirk Yetholm an der schottischen Grenze nach

Süden, nach Marsden in Yorkshire, wo er geboren wurde und aufgewachsen ist. Seinen Unterhalt während der Reise finanzierte sich der *poet laureate* durch abendliche Lyriklesungen in am Wegesrand liegenden Pubs. Wenige Jahre später trat der deutsche Autor Jörn Klare gewissermaßen in Armitages Fußstapfen: Er lief von Berlin in seinen Geburtsort Hohenlimburg am Rande des Ruhrgebiets, das daraus resultierende Buch heißt, wie auch sonst: *Nach Hause gehen.*

Offenbar ist dies die gleichermaßen unausgesprochene und irrationale Verheißung des Gehens zu Fuß: dass die Vorwärtsbewegung im Raum zugleich eine Rückwärtsbewegung in der Zeit sein möge. Anders gesagt: Wir versuchen, uns beim Wandern langsam und auf leisen Sohlen an die Orte unserer Vergangenheit anzuschleichen; ein Gedanken-Gang, der nicht mit dem Auto, Flugzeug oder Zug möglich ist, sondern nur zu Fuß – vielleicht, weil das Gehen als Fortbewegungsform so zeitlos, ja urmenschlich ist, dass man als Wanderer die Illusion hegen kann, auch die angesteuerten Gedächtnisorte könnten sich nicht verändert haben. Nur meine eigene Wanderung führt mich, so sehr ich mir das insgeheim gewünscht haben mag, offensichtlich nicht zu den eigenen Quellen. Im Gegenteil: Sie führt mich zur Mündung.

Tränenreich verabschiede ich mich von der Jeetzel: Wir kennen uns erst seit drei Tagen, aber ein paar Tropfen von ihr werden immer in meinem Herzen sein. Ich schreite durch die mächtigen Stahltore des Schutzdeichs unterhalb der Prinz-Claus-Promenade (durch manche Bauwerke kann man nur *schreiten,* sie beeinflussen durch ihre

Höhere Wesen befahlen: Geh schon mal schwimmen

schiere Präsenz die Weise des Gehens), dann lasse ich mich durch die sanften Flussauen hinunter zum Wasser treiben.

Ein paar Kinder plantschen zwischen zwei Buhnen im knöcheltiefen Wasser, kein Erwachsener setzt den Fuß in die Elbe. Ich erkundige mich bei einer älteren Dame, ob man denn hier baden könne, ist die Wasserqualität in Ordnung? Sie bejaht ohne zu zögern, sie ist im Aufbruch begriffen, nimmt ihre Enkeltochter an der Hand und verschwindet im flimmernden Gras. Ich habe gerade die Badehose angezogen und will mich in die Fluten stürzen, als sie zurückkommt – ja, sie läuft, so schnell sie kann, auf

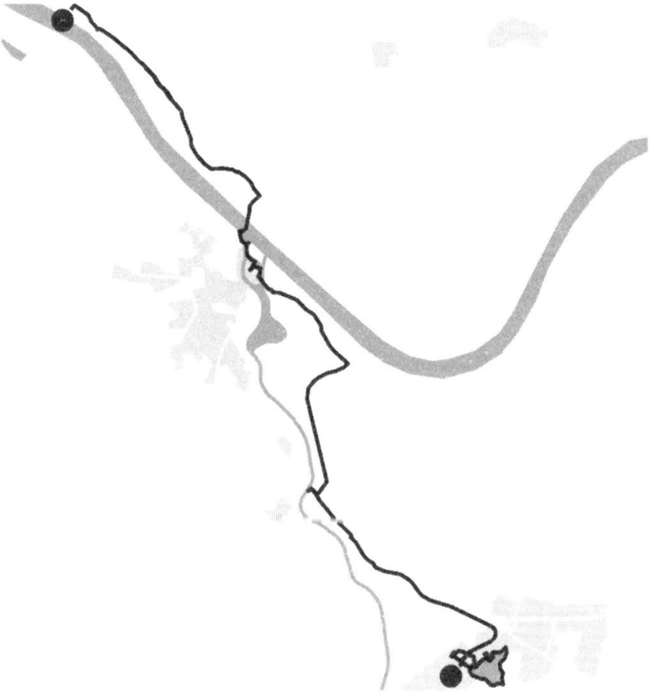

mich zu, offenbar hat sie etwas Wichtiges vergessen. Die Verschmutzung sei nicht das Problem, präzisiert sie atemlos ihre Antwort: Gefährlich sei vielmehr die Strömung. Ich bedanke mich, dann gehe ich ins Wasser.

Ein paar Meter neben meiner Badestelle ragt ein weißgetünchter Pontonanleger in den Fluss, eine kleine Elbfähre ist gerade im Begriff abzulegen. Ich steige kurz entschlossen ein, hinüber ans nördliche Ufer: Das Gelände dort scheint weitaus flacher zu sein als auf der hügeligen, von eiszeitlichen Moränen geprägten Südseite – aber auch etwas eintönig. «Viel Landschaft, wenisch drinne», wie ein freundlicher Sachse anmerkt, der mit seinem Fahrrad übersetzt, er will weiter bis nach Cuxhaven. Der Gedanke gefällt mir: Wenn schon nicht zur Quelle – dann vielleicht zum Meer? Leider habe ich keine Ahnung, wie weit es von Hitzacker bis zur Elbmündung ist. Außerdem habe ich kein Rad.

Neidvoll sehe ich den Sachsen in Richtung Nordsee entschwinden, folge ihm noch ein paar Kilometer auf dem Elbradweg stromabwärts. Bis mir zum zweiten Mal an diesem Tag höhere Wesen erscheinen, sie sprechen aus dem Rascheln der Zitterpappeln, sie morsen mit blitzenden Lichtern, die auf der Elboberfläche angebracht sind, im Rhythmus der Wellen leuchten sie auf und locken mich ans Ufer. Tief im Biosphärenreservat, an einer idyllischen kleinen Sandbucht, ein paar hundert Meter hinter dem Deich heißen sie mich mein Nachtlager errichten.

Höhere Wesen: «Du hast doch inzwischen ein Fläschchen Autan besorgt – ODER?»

Ich: «J-j-j-ja!»

Höhere Wesen: «Gut. Dann geh schon mal schwimmen. Wir bauen solange das Zelt auf.»

8 ½

22.30 Uhr. Wegen der klammen Kälte, die von der Elbe heraufgekrochen kommt, halte ich alle Zelteingänge geschlossen: Ich kann daher trotz sternklarer Nacht nicht sehen, was draußen vor sich geht. Aber ich kann es hören, und wie! Überdeutlich, als wären die Zeltwände die Membranen von vier hochempfindlichen Lautsprecherboxen, die ich um meinen Schlafsack herum plaziert habe. Alles ist schwarz, die Welt nichts als Schall.

Ich höre elbwärts das ferne Wiehern von Zossen: Das Wasser trägt es zu mir, lässt es nah erscheinen, es muss von der anderen Seite des Flusses kommen.

Ich höre das aufgebrachte Bellen eines Hundes, andere Richtung, irgendwo hinter dem Deich.

Schafe: bäh, bäh, bäh, überall.

Dann ein heiseres Bellen, wie ich es noch nie gehört habe, guttural, bronchitisch, als kehrte das Wesen seine Lungenflügel nach außen, als hätte es nichts zu verbergen, nicht einmal seine Schleimhäute. Ein Fuchs?

Das Zirpen einer einsamen Grille, vielleicht drei Meter vor meinem Zelteingang.

Der Schrei eines Wasservogels, dann ein Plumpsen: ein Kleintier, das in die Elbe gesprungen ist, vermutlich ein Frosch.

Das hohle Klappern eines Storchs.

Dann ein Rascheln direkt an der Zeltwand. Langsam,

schabend, unmittelbar neben meinem Kopf. Vielleicht ein Igel?

Hoffentlich ein Igel.

Er, sie, es schabt weiter. Ich taste nach meiner Stirnlampe, öffne den Reißverschluss des Zelts, funzle forsch nach draußen: nichts.

Ich mache den Reißverschluss schnell wieder zu, als könnte ich dadurch einer allfälligen Gefahr entgehen, knipse die Stirnlampe wieder aus, schließe die Augen, konzentriere mich auf die Geräusche. Es ist besser, beim einsamen Zelten in der Natur ganz Ohr zu sein.

23.30 Uhr. Ich muss eingeschlafen sein, weil ein anderes Geräusch mich weckt. Kein Tierlaut – Motorenlärm. Wie kann das sein, hier, etliche Kilometer von der nächsten Straße entfernt? Mitten im Biosphärenreservat? Mitten in der Nacht?

Der Lärm kommt näher, rasend schnell. Autoreifen, die durchdrehen im taunassen Gras. Das Aufheulen eines geknechteten Verbrennungsmotors, jaulende Keilriemen. Hochschalten, beschleunigen. Dann taghelles Licht, die Wände meines Zelts erglimmen: die Frontscheinwerfer eines Autos, sie kommen direkt auf mich zu.

Eine Adrenalinwoge schlägt über mir zusammen und presst mich auf die Isomatte. Ich versuche, mich aus der Verschnürung meines Mumienschlafsacks zu befreien, aber keine Chance: So schnell kann ich den Reißverschluss nicht öffnen, geschweige denn das Zelt verlassen, und auch, um beten zu lernen, ist es jetzt zu spät – ich kann nur inständig hoffen, dass der nächtliche Rallyefahrer mein Zelt sieht und rechtzeitig abdreht.

Tatsache: Das Tageslicht schwindet, wird dunkelrot: die Rücklichter, der Fahrer hat gerade noch die Kurve gekriegt. Der Motor wird abgewürgt, verstummt, ich höre nur noch gedämpfte Radiogeräusche. Für einen Moment wird die Musik lauter, eine Autotür geöffnet, jemand steigt aus. Dann Türschlagen, Stille; auch die Tiere sind verstummt. Ich höre nur noch das Geräusch meines schlagenden Herzens.

Vor einer Stunde habe ich noch über Naturgeräusche meditiert, vor zehn Sekunden war ich noch im Tiefschlaf – jetzt bin ich so knallwach wie nie zuvor. Fragen bohren sich in meine Schläfe: Wer steht da draußen? Polizisten, die mich wegen illegalen Campierens im Biosphärenreservat hochnehmen wollen? Oder doch eher eine Horde Nazis, die Jagd auf linke Naturfreunde machen? In beiden Fällen möchte ich ihnen aufrecht entgegentreten und dabei angezogen sein.

Im Liegen schlüpfe ich in meine Hose (mein Herz ist schon da), öffne den Zelteingang, klettere zitternd hinaus. Ein Schatten lehnt gegen das Auto – immerhin nur einer. Er zündet sich eine Zigarette an.

«Was machsdu denn hier?» Eine Männerstimme, brüchig, mit der Neigung, sich am Satzende zu überschlagen. «Angeln?»

«Nee. Ich zelte hier. Du hast schon gesehen, dass hier ein Zelt steht, oder?»

«Ah. Ich dachte, du bist hier, um Aale zu angeln. Zigarette?»

«Nee, danke.» Ich habe jetzt keine Lust auf solche Fraternisierungsgesten – auch wenn Rauchen vielleicht ein Zeichen von Männlichkeit wäre, ein Indiz, dass ich ein harter Typ bin, mit dem nicht gut Kirschen essen ist. Der Schatten kommt näher, entpuppt sich als junger Mann, kräftig, weißes T-Shirt Marke Lonsdale. Haare sehr kurz.

«Und du zeltest hier ganz allein?»

Mein großer Bruder liegt noch da drüben im Einmannzelt – sollte ich aus strategischen Gründen vielleicht behaupten, stattdessen sage ich: «M-hm.»

«Ohne zu angeln?» Mein Gegenüber fasst es nicht. «Was machsdu denn dann?»

«Äh … gerade habe ich zum Beispiel versucht zu schlafen.»

«Und: Was isst du dann so, wenn du nicht angelst?»

«Na ja, heute Mittag habe ich zum Beispiel in Hitzacker eingekauft», ich deute mit dem Daumen elbaufwärts. Ich versuche, im Schein der glimmenden Zigarette aus den Gesichtszügen meines nächtlichen Besuchers schlau zu werden, zu ergründen, ob er einfach nur ein ganz normaler Wahnsinniger ist, oder ob er mich gleich erschlägt und in die Elbe wirft. «Schrippen, Müsliriegel …»

Mit einem Mal kommt Bewegung in mein Gegenüber, Begeisterung, er hat eine Idee. «Ey, ich wohne nur zehn Minuten von hier! Ich könnte kurz nach Hause, meine Peitsche und ein paar Würmer holen – dann könnten wir Aale angeln!» Mit der Peitsche, so hoffe ich, meint er seine Angelrute.

«Du, äh … Ich weiß gar nicht, wie das geht.» Totale Männlichkeitsbankrotterklärung meinerseits: «Ich kann gar nicht angeln.»

«Hm.» Ich meine, aus dem Laut eine ganze Flut an Äußerungen herauszuhören: Erstaunen, Enttäuschung, Verachtung – aber so schnell gibt mein neuer Bekannter nicht auf: «'n Stock und 'ne Schnur tun's wahrscheinlich auch. Aale. Bestimmt.»

Der Angler nickt heftig. Er hat, das wage ich angesichts seines Fahrstils, seines Sprachduktus und der inzwischen doch deutlich zu mir herüberwehenden Alkoholfahne zu sagen, schon 'n büschen was getrunken.

«Sag mal. Ich hab eben so ein komisches Bellen gehört», versuche ich Konversation zu machen. «So heiser. Kann das ein Fuchs gewesen sein?»

Mein Gegenüber schaut mich, soweit ich das im Schein des dunstigen Sternenschimmers und der Zigarettenglut beurteilen kann, ungläubig an. Schweigt. Dann: «Nee, nee, nee!», er bricht in mitleidiges Lachen aus. «'n Fuchs würde ich nicht angeln. Lieber Aale!»

«Stimmt», pflichte ich ihm, allmählich doch etwas genervt, bei. «Aber ich hab ja, wie gesagt, keine Angel.»

«Ja.» Mein Besucher scheint scharf nachzudenken. «Und was machste dann eigentlich die ganze Nacht?»

«Ich glaub, ich lege mich jetzt einfach wieder schlafen.»

Ein Seufzen. «Okay.» Mein Besucher schnippt seine Kippe in den Fluss, hält mir zum Abklatschen die Hand hin. «Hau rein.»

9

Was ich am neunten Tag auf dem WdgW gelernt habe

1.
Wenn die Elbmarschbewohner «vor dem Deich» sagen, meinen sie hinter dem Deich, von vor dem Deich aus gesehen.

2.
Der angenehmste Weg elbabwärts verläuft auf der Deichkrone, im knöchelhohen, blühenden Klee.

3.
Zumindest, solange keine Erdhummel auf den knöchelhohen Kleeblüten sitzt und, von den Schritten eines dahergelaufenen Wandersmanns aus dem Gleichgewicht gebracht, ihm von oben in den Stiefelschaft plumpst.

4.
Hummeln können, entgegen einer weitverbreiteten Meinung, stechen.

5.
Der Stich der Erdhummel verursacht einen klaren, gleißenden Schmerz, der allerdings erstaunlich weich, ja geradezu opioid im Abgang ist.

6.
Alkoholanalogien:
Bremsenbiss = Tequila Shot

Mückenstich = Sternburg (oder irgendein
anderes Bier, das schädelt)
Erdhummelstich = hochprozentiger Absinth

7.

Der fraglichen Erdhummel geht es gut.

Ich packe mein Zelt zusammen und verlasse den elysisch aussehenden, aber beinahe tückisch tödlichen Zeltplatz. Erst jetzt, bei Tageslicht, sehe ich die schlingernden Reifenspuren des nächtlichen Aalfreunds: Sie drehen knapp fünf Meter vor meinem Zelt ab.

Ich wende mich nordwestwärts, gehe weiter dem mit einer mittleren Fließgeschwindigkeit von 2,7 Stundenkilometern dahinströmenden Elbwasser hinterher. Das heißt: Bei einer Geschwindigkeit von 2,7 km/h ist es eher das Wasser, das *mir* hinterherfließt – in guten Momenten gehe ich fast doppelt so schnell, zunächst oben auf der Deichkrone, dann, nach einem Stelldichein mit einer Hummel und anschließendem Veitstanz, auf dem Radweg, der parallel dazu auf der flussabgewandten Seite verläuft.

Nach wenigen Kilometern sehe ich abseits, etwa hundert Meter vom Deich entfernt, eine Pyramide aus Schutt: knapp drei Meter hoch, überwiegend Backsteine, Mauerwerk, ein paar eiszeitliche Findlinge. Ich gehe näher, erblicke zwischen den Trümmern einen Grabstein aus grauem Granit:

Gott ruft
sein Wille muss geschehen
Bald werden wir
uns wiedersehen

Bei dem Haufen handelt es sich, wie eine Reihe von Hinweisschildern verrät, um die Überreste des Dörfchens Vockfey. Der Ort lag innerhalb des 500-Meter-Sperrstreifens an der Zonengrenze: Nachts war den Bewohnern das Verlassen ihrer Häuser untersagt, tagsüber mussten sie den zehn Meter breiten Kontrollstreifen harken, damit die Spuren allfälliger Republikflüchtlinge einfacher entdeckt werden konnten. Im Sommer 1952 erfolgte im Rahmen der sogenannten «Aktion Ungeziefer» die erste Zwangsaussiedlungswelle: Dreizehn Familien, knapp die Hälfte der Einwohner von Vockfey, mussten ihre Höfe verlassen, sie hatten maximal zwei Tage lang Zeit, um zu packen. Angeblich stellten sie eine Gefährdung der antifaschistisch-demokratischen Ordnung dar – sei es, weil sie straffällig geworden waren, sei es, weil sie landwirtschaftlichen Abgabeverpflichtungen nicht nachgekommen waren, oder einfach, weil sie West-Rundfunk hörten.

1961, im Jahr des Mauerbaus, mussten die restlichen Bewohner weichen, ihre Höfe wurden Anfang der Siebziger von Betriebskampfgruppen plattgemacht, die Überreste der Gebäude in ein nahegelegenes Brackwasser, den sogenannten Karpfenteich, gekippt. Erst 2004 wurden sie bei Deichbauarbeiten wiederentdeckt und zu dieser Gedenkpyramide aufgeschüttet. Mein Freund Jan Böttcher hat dieser komplizierten geopolitischen Landschaft in seinem Roman *Nachglühen* ein literarisches Denkmal gesetzt: «Es gab nicht nur den gleichmütigen, alle Menschen überholenden, dahinfließenden Strom», schreibt er über den Fluss, der so viel deutsche Geschichte bezeugt hat: «Nicht nur die silbernen Münzen, die auf der Oberfläche funkelten. Es gab auch die Tiefe, in der die Elbe aufbewahrte, was die Menschen an ihren Ufern erlebt hatten.» Ähnliches gilt, so denke ich beim Anblick der Schuttpyramide, für den Vockfeyer Karpfenteich.

Ich muss an die zahllosen Vertreibungs- und Fluchtbewegungen des zwanzigsten Jahrhunderts denken: an die Abermillionen Menschen, die in Folge des Zweiten Weltkriegs und der daraus resultierenden Teilung Europas ihre Heimat verlassen mussten. Aber auch an diejenigen, die sich derzeit aus Afrika auf den Weg nach Europa machen: auf lebensgefährlichen Booten oder dem Landweg, die meisten, so nehme ich an, ohne Teleskopwanderstöcke, ohne Rucksack mit Adjustable Back System, ohne Merinounterwäsche und atmungsaktive Regenjacke.

Mir wird bewusst: Das ziellose Lustwandern, so wie ich es gerade betreibe, ist ein Luxuswandern. Eine spezifisch europäische Erfindung, ein Phänomen der Neuzeit, ein Erbe der Romantik. Zweifellos wanderten die Menschen schon früher, vermutlich seit sieben Millionen Jahren, seitdem sich ein *Sahelanthropus tchadensis* erstmals auf die Hinterbeine stellte und ein paar tastende Schritte tat, ohne sofort wieder umzufallen. Aber erst seit ein paar hundert Jahren betreiben Menschen das Wandern auch als Selbstzweck, *la marche pour la marche* – allenfalls als Vorwand und körperliche Stimulation für zielloses Träumen und Nachsinnen.

Der Vordenker und Säulenheilige dieses modernen Lust- und Luxuswanderns ist der französische Philosoph und Schriftsteller Jean-Jacques Rousseau. Seine Wanderkarriere begann 1728, als er im zarten Alter von fünfzehn Jahren eines Abends vor den verschlossenen Stadttoren seiner Heimatstadt Genf stand und spontan beschloss, nicht mehr nach Hause zu gehen, nie mehr, sondern einfach loszulaufen, allein. «Frei und Herr meiner selbst, glaubte ich alles tun und erreichen zu können», schreibt er in den *Bekenntnissen*: «Voller Sicherheit betrat ich die unendliche Weite der Welt, meine Talente sollten sie bald erfüllen, auf jedem Schritte wollte ich Feste, Schätze, Abenteuer, dienstwillige Freunde und verliebte Frauen finden.» Etwa zwanzig Jahre später stieß Rousseau, während er beim Lesen wanderte (oder beim Wandern las), im *Mercure de France* auf jene Preisfrage der Akademie von Dijon, die ihn zur Abfassung seines ersten *Discours* inspirieren und europaweit berühmt machen sollte.* Wiederum knapp dreißig Jahre später, gegen Ende seines Wanderlebens, verfasste er schließlich sein letztes längeres Werk, welches das ziellose Gehen und Denken bereits im Titel trägt: *Träumereien des einsamen Spaziergängers*.

Beim Gehen vermeinte Rousseau den ursprünglichen, «wilden Menschen» in sich zu spüren. Der *homo viator*, so der Philosoph, sei ein Wesen vor dem Sündenfall der Sesshaftwerdung, vor der Erfindung des Eigentums, vor dem schädlichen Einfluss der Erziehung. Er befinde sich

* Eigenen Angaben zufolge las der rasante Wandersmann beim Gehen, um seine «Schritte zur Langsamkeit zu zwingen».

in einem glückseligen Urzustand, der noch nicht vom Fortschritt der Wissenschaften und Künste verdorben sei. «Nie habe ich so viel nachgedacht, nie war ich mir meines Daseins, meines Lebens so bewusst, nie war ich sozusagen mehr ich selbst als auf den Reisen, die ich allein und zu Fuß gemacht habe», so Rousseau: «Ich verfüge als Herr über die ganze Natur.» Man könnte sagen: Wer geht, wandert gewissermaßen zurück in der Menschheitsgeschichte; die Bewegung der Beine verbindet ihn mit seinen Vorfahren, die sich bereits genauso fortbewegten. Wer geht, reist zurück in ein glücklicheres, gerechteres Zeitalter.

Tatsächlich vermeine ich, in guten Momenten jenem Stadium des Urmenschentums nahe zu kommen, das Rousseau auf seinen Wanderungen zu erlangen meinte. In guten Momenten bin ich ganz Bewegung, bin reines Gehen, registriere nur noch die mechanischen Abläufe meines Körpers. Dann bin ich nur noch Rücken, Hüfte, Oberschenkel, der Schenkel hebt sich, das Knie wird abgeknickt, die Ferse aufgesetzt, über den Ballen rollt das Gewicht, ein leichtes Abstoßen mit den Zehen, dann erneutes Schenkelanheben: Meine Hüftgelenkpfanne ist Scharnier und Mittelpunkt der Welt.

Auch zeitlich und räumlich stehe ich in solch guten Momenten mit der Natur im Einklang: Nach über einer Woche im Freien sind meine inneren Instrumente perfekt kalibriert, ich erwache jeden Morgen, auch wenn keine Kirchenglocken zu hören sind, um Punkt acht Uhr, und wenn die Sonne scheint, glaube ich meine Bewegungsrichtung bis auf ein Sechzehntel genau auf der Windrose bestimmen zu können. Aktuell gehe ich nach Westnordwest.

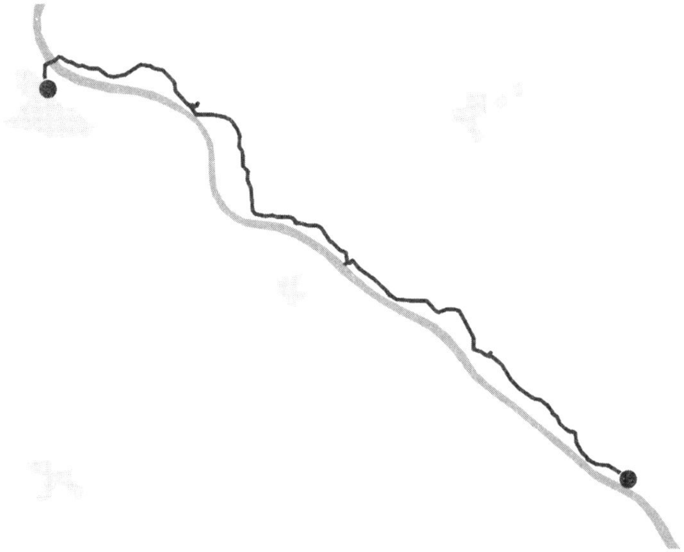

Und in schlechten Momenten? In schlechten Momenten merke ich, wie zivilisiert ich bin. Wie sehr mir die Annehmlichkeiten der Kultur zur zweiten Natur geworden sind. Gewiss genieße ich mein zielloses Umherschweifen durch Flussauen und Wälder – aber doch vor allem als Zäsur, als Ausgleich: als Gegenentwurf zu den zivilisatorischen Annehmlichkeiten, die, das weiß oder hoffe ich zumindest, zu Hause auf mich warten. In schlechten Momenten, in der Einsamkeit, der Erschöpfung, wird mir die Zivilisation zum utopischen Sehnsuchtsort, so wie die Natur zum Sehnsuchtsort von Jean-Jacques Rousseau und seiner Kulturkritik wurde. Ich kann, so wird mir dann bewusst, meine kultivierte Seite nicht durchstreichen. Wenn ich noch einen wilden Urmenschen in mir trage, dann ist er vorbildlich eingepackt, mit Blasenpflastern, Kinesiotape, Funktionswäsche und Gore-Tex-Klamotten kaschiert.

10

Was ich am zehnten Tag auf dem WdgW gelernt habe

1.
Wenn die Kühe auf der Weide liegen, gibt es Regen.

2.
Wenn ich an den Kühen vorübergehe und ihnen freundlich zumuhe, entfaltet sich ihr mächtiger Leib, mit den Hinterläufen beginnend, wie ein kunstvolles Origami.

3.
Wenn die Kühe bei meinem Anblick aufstehen, bedeutet das nicht, dass die Regenwahrscheinlichkeit abnimmt.

4.
Wenn die Schwalben so niedrig fliegen, dass sie zwischen den Beinen der stehenden Kühe untendurch fliegen, ist das ein böses Omen.

5.
Wenn es Kühe regnet, sollte man lieber liegen bleiben.

Wenn Freunde mich vor Beginn meiner Wanderung fragten, wohin der WdgW mich meiner Einschätzung nach führen würde, also nur mal so hypothetisch gesprochen, wiegelte ich immer schnell ab. So etwas dürfe man sich auf gar keinen Fall vorher fragen. Das könne das Ergebnis verfälschen. Ich müsse ganz unvorbelastet loslaufen, das Einzige, was ich halbwegs sicher zu wissen meine, sei, dass ich mich beim Verlassen der Haustür nach links wenden würde, weil geradeaus eine vierspurige Straße verläuft und es rechts ein wenig bergauf geht, q.e.d., s.o. Wenn die aufdringlichen Frager trotzdem insistierten, sag doch mal, nur so ein Gefühl, antwortete ich irgendwann stabreimend und unverbindlich: wahrscheinlich Warschau. Oder Oderberg. Dann Danzig.

Tatsächlich sah ich mich, wenn ich mir in schwachen Momenten solche Rêverien gestattete, grundsätzlich nach Osten laufen. Zum einen, weil diese Himmelsrichtung, lateinisch *oriens,* bereits im Begriff der *Orientierung* steckt, ich also vermutete, dass ich mich vorzugsweise nach der aufgehenden Sonne richten würde. Zum anderen, weil ich das östlich von Berlin gelegene Oderbruch als so ausnehmend topfeben kenne, dass ich mir nicht vorstellen konnte, es könnte irgendwo im Umkreis von zehn Tagesmärschen widerstandsloser vorangehen. Und, wer weiß: Wenn es am Morgen meiner Abreise nicht Katzen und Hunde geregnet, sondern mir wärmend die Sonne ins Gesicht geschienen hätte – vielleicht wäre ich schnurstracks, vom Gestirn geblendet und ohne die Spree eines Blicks zu würdigen, ostwärts gegangen und wäre jetzt irgendwo in der Gegend von Swinemünde.

Stattdessen befinde ich mich aber eindeutig westlich von Berlin – und aktuell sprechen auch fast alle Paragraphen des WdgW für diese Himmelsrichtung: Ich gehe stromabwärts, ergo bergab. Der Wind weht mit einer geschätzten Geschwindigkeit von zehn Stundenkilometern aus Osten und treibt mich vor sich her, und die Sonne macht, wenn sie sich denn zeigt, ihr Sonnending und wärmt mich im Verlauf des Tages einmal gleichmäßig von allen Seiten wie ein Hähnchen auf der Grillstange, ohne mich übermäßig zu blenden.

Zudem befinde ich mich mit meiner Westwärtsbewegung in schönster Übereinstimmung mit der Philosophie des Transzendentalisten Henry David Thoreau, der eigenen Angaben zufolge, wenn er morgens das Haus verließ, ebenfalls grundsätzlich in diese Richtung aufbrach: «Nach Osten gehe ich niemals freiwillig», notierte er: «Jeder Sonnenuntergang, dessen Zeuge ich bin, lässt in mir die Sehnsucht aufkommen, in einen Westen zu wandern, der so weit und so hell ist wie der Ort, wo die Sonne niedersinkt. Sie scheint täglich westwärts zu wandern und lockt uns, ihr zu folgen.» In diesem Sinne: Weiter nach Westen! Oder wie es die amerikanischen Siedler zu Thoreaus Zeiten auszudrücken pflegten: *Westward ho!*

Schon nach wenigen Schritten befinde ich mich im Offenen, weitab der Elbe auf freiem Feld. Aus den Augenwinkeln sehe ich, wie ein großer, aschfarbener Vogel mit enormem Tempo auf mich zugeflogen kommt. Ein Graureiher, vermute ich. Ich taste nach meinem Telefon, um ein Foto von dem Prachtexemplar zu machen, aber zu spät: Sekundenbruchteile später befindet sich der Vogel bereits über meinem Kopf – erst als er schon beinah außer Sichtweite ist, kann ich ihn auch hören, er zieht einen Donnerstrahl hinter sich her, der den Himmel zerschneidet. Kein Reiher – ein Eurofighter im Tiefflug. Vermutlich, so entnehme ich einer Webseite der Bundeswehr, gehört er zum Taktischen Luftwaffengeschwader 71, das nördlich von hier, im ostfriesischen Wittmund stationiert ist. Für mich etliche Tagesmärsche – für den Eurofighter eine Reise von ein paar Sekunden.

Ich richte den Blick nach unten, auf friedfertigere, langsamere Wesen. In den feuchten Elbtalauen wimmelt es nur so von Weichtieren, es dominiert eine ausgesprochen anmutige Spezies, knapp zwei Zentimeter lang, mit spitz zulaufendem, gelbem, keramikfeinem Gehäuse, leuchtend wie ein Honigtropfen: Bernsteinschnecken!

Ich kann mich kaum sattsehen an den Tierchen. Erwachsene Bernsteinschnecken können so groß werden, dass sie sich nicht mehr vollständig in ihre Schalen zurückzuziehen vermögen, bei manchen ist das Gehäuse sogar so weit verkümmert, dass sie als Halbnackt- oder gar als Nacktschnecken durchgehen. Die Tiere sind daher besonders empfindlich für Trockenheit und kompensieren ihre Mortalitätsrate durch eminente Fruchtbarkeit; im Zweifelsfall befruchten sich die Zwittertiere einfach selbst.

Jetzt, am späten Vormittag, haben einige Exemplare immer noch nicht den Weg zurück ins schützende, taunasse Gras gefunden. Sitzen auf dem von der Sonne erhitzten Asphalt, hinter ihnen glitzert ihre getrocknete Schleimspur und zeichnet den Weg nach, den sie im Lauf der Nacht gekrochen sind: ein willkürlich anmutendes Gewirr aus Kringeln und Knoten, Schlaufen und Schleifen, das aber gewiss seiner eigenen, inneren Logik folgt. Ich stelle mir vor, dass mein eigener Weg, wenn man ihn sichtbar machte, aus der Gottes- (oder Google-Earth-)Perspektive ganz ähnlich aussehen würde. Ja, in gewisser Weise, denke ich, zeichne ich auf dieser Wanderung meine eigene Karte auf den Boden.

Im Wesentlichen, so der englische *nature writer* Robert Macfarlane, gebe es zwei Sorten von Landkarten: «das Gitternetz» und «die Geschichte». Die erste, die uns allen vertraute topographische Karte, ist eine relativ neue Erfindung: Sie entstand seit dem fünfzehnten Jahrhundert und verdankt ihr Dasein neuzeitlichen naturwissenschaftlichen Messmethoden wie dem Kompass, dem Sextanten und dem Theodolit. Als Gitternetzkarte legt sie «ein abstraktes geometrisches Muster über den Raum, in dem dann jeder Gegenstand und jede Person koordiniert werden kann». Sie ist überindividuell, scheinbar objektiv, unpersönlich: Sie stellt die Grundlage für Eroberungskriege, wissenschaftliche Expeditionen, Handelsrouten dar.

Die Geschichtskarte hingegen ist unpräziser, impressionistischer, zutiefst subjektiv, anekdotisch. Sie gibt Lokalitäten so wieder, wie sie «ein einzelnes Individuum oder eine kulturelle Gemeinschaft bei ihrem Aufenthalt erlebt hat», und kann daher – anders als die topographische Karte – keine abstrakte Grundlage für weitere Fahrten sein. Die Geschichtskarte ist immer nur Resultat und Darstellung einer konkreten, singulären Reise. «Die frühesten Karten waren allesamt Geschichtskarten», schreibt Macfarlane. «Sie beschrieben Landschaften und die Ereignisse, die sich darin abspielten. Sie konnten auswendig gelernt, verändert und von Generation zu Generation weitergegeben werden (...) Wir sollten diese Geschichtskarten nicht vergessen, denn sie stehen beispielhaft für eine weithin vergessene Art und Weise, sich in einer Landschaft zurechtzufinden.»

Meine eigene planlose Wanderung stellt, wenn man so will, einen Versuch dar, sich an diese urtümliche Form der Kartographie zu erinnern. Allerdings führt dies die Behauptung, dass ich ohne Karte unterwegs sei (§ 2 WdgW), ad absurdum. Ich habe, so wird mir bewusst, durchaus eine Landkarte bei mir: Ich schreibe sie, während ich wandere, selbst, ziehe ihre Linien wie eine Schleimspur aus Tinte hinter mir her. Dieses Buch ist meine *story map*, meine Geschichtskarte. Meine persönliche *songline*.

Unter stählernen Graureihern, über kriechenden Schnecken, vorbei an behäbig daliegenden Kühen erreiche ich die Ortschaft Radegast. Es handelt sich um ein typisches Elbmarschdorf, die Felder hinter den Höfen sind schmal und langgezogen, sie verlaufen parallel zu den Entwässerungsgräben, ohne die man hier bis zu den Knöcheln im Schwemmland stehen würde: eine Erinnerung daran, dass ich mich nur wenige Meter über dem Meeresspiegel befinde.

Einem gutbürgerlich-protestantischen Reflex folgend gehe ich als Erstes zur Kirche des Dorfes, an der Tür zum Innenraum hängt ein Warnschild: «Hier brüten … wohnen … und … scheißen Rauchschwalben. Na, und …? (in 3 Monaten sind wir weg, und dann seid Ihr auch traurig, oder …?)» Eine geradezu fernöstlich-gelassen anmutende Grundhaltung gegenüber den Unbilden des Lebens im Allgemeinen und Vogelkot auf dem Kopf im Speziellen. Ich blicke nach oben: Tatsache, da sind sie, drei aufgesperrte Schnäbel, ein Elternteil im Tiefflug, das Fiepen hungriger Schwalbenkinder. Und … Musik?

Durch die geschlossene Holztür der Kirche höre ich

Stimmen: Tonbandbeschallung, wie man sie aus großen Touristenkirchen kennt – hier? Ich öffne leise die Tür. In der zweitvordersten Bank sitzen ein älterer Mann und eine Frau über ein Gesangbuch gebeugt, selbstvergessen, sie bemerken mich nicht, singen zweistimmig auf Spanisch ein geistliches Lied.

castillo fuerte es nuestro Dios

Ich bleibe stehen, lausche. Ich will sie auf keinen Fall stören, komme mir aber zugleich vor wie ein Eindringling, ein Störenfried, wie ein Kind, das seine Eltern beim Sex erwischt.

defensa y buen escudo

Ich bin so gerührt von der Innigkeit, mit der die beiden singen, von diesem Ritual, das sie offenbar zusammenhält, den Lebensweg gemeinsam gehen lässt, dass ich fast in Tränen ausbreche.

con su poder nos librará

Werden meine Frau und ich, wenn wir dereinst so alt sind wie die zwei und unsere Kinder flügge wie die Rauchschwalben, ebenfalls zusammen in einem Dorfkirchlein sitzen und geistliche Lieder singen?

en todo trance agudo

Wohl kaum.

con furia y con afán
acósanos satán

Wahrscheinlich werden wir, als tragisch alternde Berliner Hipster, stattdessen vor der Kathedrale der Ewigen Jugend, dem Technoclub Berghain, stehen, und zweistimmig den allmächtigen Türhüter um Einlass anflehen.

por armas deja ver
astucia y gran poder

Und Sven Marquardt, in biblischem Alter und mit einem alttestamentarischen Rauschebart gesegnet, die härteste Tür diesseits des Himmels,

cual él no hay en la tierra

wird uns tief in die Augen schauen, bis an den Grund der Seele, und dann sein weises Haupt schütteln und mit brüchiger Stimme sagen: «Heute leider nicht. Und morgen auch nicht. Nie wieder. Versteht ihr? Diese Tür ist nicht für euch bestimmt.» Und wir werden nicken, ergeben, erschöpft. Und weitergehen.

Irgendwann gegen Abend erblicke ich auf der anderen Elbseite einen Ort von erheblicher Schönheit: Wie angeschwemmt steht eine Reihe rostroter Backsteinhäuser am Ufer, eingezwängt zwischen dem Fluss und einem bewaldeten glazialen Höhenzug. Ein gotischer Kirchturm mit kupfernem Helm wacht über das Ensemble, rechts daneben, am Ortseingang, ein riesiger konstruktivistischer

Kasten, über hundert Meter lang und zwanzig Meter hoch, olivgrün: ein Werftgebäude, das den Altstadtanblick aber nicht stört, sondern eher angenehm ergänzt.

Es handelt sich, wie sich herausstellt, um die Stadt Lauenburg sowie um die Schiffbauhalle der Hitzler-Werft, größter Arbeitgeber des Ortes. Magisch angezogen von dem Anblick, überquere ich den Fluss an der nächsten Brücke, umrunde die Werft und wanke wie ein Untoter durch die engen, expressionistisch anmutenden Gassen; Friedrich Wilhelm Murnau drehte hier Außenaufnahmen für seinen Horrorklassiker *Nosferatu – Eine Symphonie des Grauens*. Leidlich ausgehungert, kehre ich im Alten Schifferhaus ein, einem in einem Fachwerkhaus aus dem Jahr 1663 gelegenen Gasthof mit Biergarten an der Elbe.

Ich bestelle Brathering, stelle mich seelisch auf einen ruhigen Abend mit Bier und Buchlektüre ein – aber da sei die Gruppe an meinem Nachbartisch vor. Es handelt sich um ein Dutzend Chinesen, zehn Männer und zwei Frauen, die meisten schon in ehrwürdig fortgeschrittenem Alter, aber in jugendlich ausgelassener Stimmung, Klassenfahrt zum Klassenfeind. Sie trinken deutsches Dunkelbier, rauchen dicke Havannas und essen dazu frische Tomaten – ach, was heißt *essen*: Sie wühlen sich, um es mit Walter Benjamin zu sagen, in das feuchtrote Fruchtfleisch «wie in ein Kissen».

Die meisten anderen Besucher des Biergartens beobachten die Gäste aus Fernost, wie mir scheint, skeptisch bis pikiert – doch da ich ebenso durstig und gierig bin wie die Chinesen, proste ich ihnen freundlich zu, *gan bei!*, was mir sofort eine überschwengliche Einladung an ihren Tisch einbringt.

Die Kommunikation gestaltet sich zunächst schwierig, weil meine zwölf Tischnachbarn alle gleichzeitig auf mich einreden, zehn von ihnen aber ausschließlich Mandarin sprechen – die Einzigen, die Englisch können, sind die beiden Frauen. Freundlicherweise setzt sich die Jüngere von ihnen an mein Tischende und übersetzt für mich: Milly ist um die zwanzig, schmal und hübsch und studiert Dolmetscherei in Essex. Sie redet wie eine Figur aus einer britischen Vorabendserie, ist aber glühende Kommunistin, was einen charmanten Kontrast zwischen Form und Inhalt mit sich bringt.

Wie ich durch sie erfahre, handelt es sich bei der Gruppe nicht, wie ich zunächst im allgemeinen Sprachgewirr zu verstehen meinte, um eine Shaolin-Kung-Fu-Kampfeinheit, die gekommen ist, um mit Handkantenschlägen ein paar Lauenburger Backsteine zu spalten, sondern um eine Wirtschaftsdelegation aus Linzhou. Linzhou ist eine kleine Millionenstadt in Henan, eine Provinz in Zentralchina – in dieser Provinz befindet sich der Heilige Berg Song 嵩山 – und auf diesem Berg wiederum befindet sich das Ursprungskloster des Shaolin-Ordens, das als Heimat der gleichnamigen Kampfkunst und des Chan-Buddhismus gilt – *I see*, aha, daher das Missverständnis.

Die hier versammelten Wirtschaftsmönche befinden sich gerade auf Europareise: Bukarest, Prag, Berlin, das waren ihre bisherigen Stationen – und nun Lauenburg an der Elbe. Warum sie neben den genannten Welt- und Wirtschaftsmetropolen auch in diesem zwar bezaubernden, von Linzhou aus gesehen aber eher unbedeutenden 11 000-Einwohner-Kaff Station machen, bleibt mir ein Rätsel. Auf jeden Fall, so erfahre ich, haben sie am nächsten Morgen einen Termin im Rathaus, und natürlich ist auch der Bürgermeister von Linzhou mit an Bord, außerdem der Generalsekretär der Kommunistischen Partei: Er ist, wie sich herausstellt, der freundliche Herr mit dem Kassengestell und dem blauen Polohemd zu meiner Linken.

Der Generalsekretär der KP steht, wie er mir selber umgehend und ungefragt erklärt, hierarchisch eine Stufe über dem Bürgermeister – passenderweise heißt er mit Familienname *Wang* 王, was auf Mandarin «König» bedeutet, eine Tatsache, die er gern und nicht ohne Genugtuung erwähnt. Wie seine Visitenkarte verrät, kommt Herr Wang aus der örtlichen kommunistischen Hongqiqu-Kaderschmiede, die sich dem «geistigen Erbe, der Erziehung im Geiste der Partei und der Umsetzung der Ziele der Partei» verschrieben hat.

«Wie wird man eigentlich König, äh, Generalsekretär der KP?», frage ich Herrn Wang mit aller mir zu Gebote stehenden Arglosigkeit. «Wird man von Delegierten in geheimer Abstimmung gewählt?»

«Aber nein», Herr Wang schüttelt belustigt den Kopf: Man werde natürlich von der Partei dazu bestimmt – wenn man sich vorher in einer anderen Position bewährt habe. Er selbst sei zum Beispiel vorher fünf Jahre lang Bürgermeister gewesen, er nickt dem derzeitigen Bürgermeister, der ein paar Plätze weiter sitzt und an seiner Havanna nuckelt, jovial zu.

«Und … was kann danach kommen?»

«Hm. Vielleicht Gouverneur der Provinz Henan?» Wang lächelt, hält sich bedeckt und alle Optionen offen, nimmt noch einen Schluck Dunkelbier. Aber, so lässt er durch Milly fragen, was ich denn eigentlich so mache?

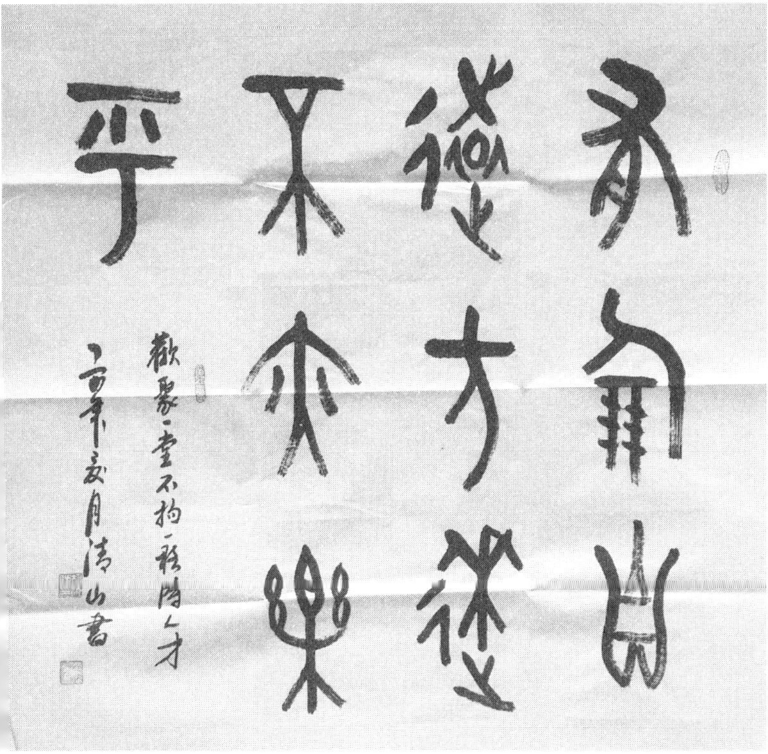

Orakelknochenkalligraphie

Die Tischgesellschaft wird für ihre Verhältnisse sehr leise, wendet sich erst mir und dann der dolmetschenden Milly zu. Als ich erzähle, dass ich Autor sei und mich gerade auf einem Langen Marsch nach Westen befinde – ja, dass eins meiner Bücher (meine Liebeserklärung an die Schnecken) gerade sogar ins Chinesische übersetzt werde, kennt der Überschwang und die Freundlichkeit meiner Tischgenossen keine Grenzen mehr. Li, mein Nachbar zur Rechten, drückt mir eine dieser sagenhaft dicken und wohlschmeckenden Zigarren aus dem kommunistischen Bruderland

Kuba in den Mund, er ist noch keine dreißig und trägt einen Jogginganzug aus roter Ballonseide, steht aber, wie mir der Generalsekretär stolz erzählt, einem Bauunternehmen mit zweitausend Beschäftigten vor. Der Raubtierkommunismus chinesischer Prägung, hier bekommt er ein Gesicht, und es lächelt herzlich.

Weiteres Dunkelbier wird geordert, 干杯, *gan bei*, genau. Dann ein diskreter Wink von Generalsekretär Wang an die zweite Dame in der Runde, offenbar seine Assistentin (die Genderhierarchien sind hier noch denkbar schlicht und klar geordnet). Die Assistentin verschwindet und kehrt nach einer Minute mit einem Präsentkorb zurück, der für solche Anlässe irgendwo in den Untiefen des Gasthofs versteckt gewesen sein muss. Wir kommen ohne Umschweife zum offiziellen Teil des Abends, der rituellen Geschenkeüberhäufung. Zunächst bekomme ich ein zwei Meter langes Briefmarken-Leporello überreicht, ein Gebirgspanorama kommt zum Vorschein, ein Gewässer: Die Serie feiert den Rote-Fahne-Kanal in den Taihang-Bergen, 1959 bis 1969 während des Großen Sprungs nach vorn erbaut, angeblich wurde schon in der ersten Woche mehr Erde bewegt als während der gesamten Bauzeit des Panamakanals.

Als Nächstes erhalte ich eine riesige Kalligraphie, von einem Künstler aus Linzhou in Orakelknochenschrift gemalt, der frühesten Form der chinesischen Schrift: Sie ist so altertümlich, dass meine junge Dolmetscherin sie nicht entziffern kann – und ehrlich gesagt bin ich unsicher, ob irgendeiner der Anwesenden die Zeichen versteht, meine Frage nach dem Inhalt zieht jedenfalls eine ausweichend klingende Antwort des Generalsekretärs nach sich, die in der englischen Übersetzung zwar vage weise, aber komplett unverständlich klingt.* Es folgt die offizielle Fotosession, mutmaßlich für die Parteifreunde und Geldgeber daheim: der Generalsekretär mit deutschem Autor und Elbe. Der Generalsekretär mit deutschem Autor und Konfuzius-Kalligraphie. Der Generalsekretär mit deutschem Autor und Rote-Fahne-Leporello. Der Generalsekretär mit deutschem Autor und sehr viel Dunkelbier.

Die anderen Besucher des Biergartens verfolgen das Geschehen nun, wie mir scheint, zunehmend argwöhnisch: Was fraternisiert die Langnase da mit den Schlitzaugen? Als schließlich das Essen kommt, wird der Argwohn nicht weniger: Die fröhlichen Chinesen haben nämlich jeder zwei komplette Hauptgänge geordert, einmal Fleisch mit Beilagen, einmal Fisch mit Beilagen, der Tisch biegt sich bedenklich. Er sei *a glutton*, ein Gierschlund, lässt mich mein Nebenmann Li stolz wissen und streichelt sich liebevoll über den ballonseideglänzenden Bauch: Offenbar gilt ihm die Völlerei nicht als Todsünde, sondern als veritable Tugend. Wieder muss ich an Walter Benjamin denken: «Der hat noch niemals eine Speise erfahren, nie eine Speise durchgemacht, der immer Maß mit

* Erst nach meiner Rückkehr wird mir der Autor und China-Kenner Christian Y. Schmidt weiterhelfen können: Es handle sich um ein Konfuzius-Zitat, lässt er mich nach Rücksprache mit seinen chinesischen Schwiegereltern wissen, das man in China «praktisch auf jedem irgendwie interkulturellen Empfang» zu hören bekomme – und das mir im Nachhinein für meine Wanderung auf dem WdgW ausgesprochen passend erscheint: 有朋自远方来不亦乐乎, «Freunde aus der Ferne sind immer ein Anlass zur Freude.»

Yin und Yang

ihr hielt», schreibt er: «So lernt man allenfalls den Genuss an ihr, nie aber die Gier nach ihr kennen, den Abweg von der ebenen Straße des Appetits, der in den Urwald des Fraßes führt.»

Glücklich, gestärkt, mit sich und der Welt im Reinen, geben mir meine neuen Freunde zum Abschluss noch einen Crashkurs in chinesischer Literatur und Philosophie. Dolmetscherin Milly beteuert, meine ziellose Wanderung

habe große Ähnlichkeiten mit den Meditationstechniken des Chan-Buddhismus, dem chinesischen Vorläufer des Zen. Der Bürgermeister eilt herbei, lässt sich von der Kellnerin einen Bestellblock und Kugelschreiber geben, zeichnet einen Kreis mit einer Schlangenlinie und zwei Punkten aufs Papier und erklärt: die Philosophie der Kommunistischen Partei in China basiere auf dem Prinzip von Yin & Yang. Der Generalsekretär fragt, ob ich mit dem Roman *Die Reise in den Westen* vertraut sei, einem Klassiker der chinesischen Literatur aus der Ming-Dynastie? Nein? Ich schüttle den Kopf, beschämt.

Der Roman, so erläutern mir Herr Wang und Milly im Wechsel, berichtet von der Reise des Pilgermönchs Xuanzang, der im siebten Jahrhundert von China nach Indien wanderte, um den Buddhismus zu studieren. Er wird dabei von einem Affenkönig, einem Halbdämon und einem

Schweinemenschen begleitet und hat, wie es sich für einen Langstreckenwanderer gehört, zahlreiche Abenteuer zu bestehen. Nach siebzehn Jahren kehrte der historische Xuanzang zurück, übersetzte zahlreiche heilige Schriften des Buddhismus aus dem Sanskrit ins Chinesische und trug dadurch maßgeblich zur Ausbreitung dieser Religion in China bei.

Bevor ich mich von der chinesischen Delegation verabschiede, gelobe ich feierlich lallend, den Roman bei meiner Rückkehr nach Berlin zu lesen. Denn natürlich erkenne ich mich von Ferne in der Westwärtsbewegung von Xuanzang und seinen Gefährten wieder – auch wenn ich wohl kaum geschlagene siebzehn Jahre unterwegs sein werde. Die Frage, die mich in den Schlaf begleitet, lautet bloß: Bin ich ein Mönch? Bin ich ein Affenkönig? Ein Halbdämon? Oder doch eher ein Schweinemensch?

11

Die Ballade von Schusters Rappen

Ein Schuster und sein Rappe
Die gehen durch den Wald
Der Rappe fragt: «Wann sind wir da?»
Der Schuster sagt: «Sehr bald.»

Der Rappe meckert weiter:
«Noch zehn Minuten! Dann
Werde ich mich beschweren
Bei meinem Ombudsmann.»

Der Schuster fragt: «Dein Om-was?»
Und lacht den Rappen aus.
«So Arbeitnehmerzecken
Die komm' mir nicht ins Haus.»

Der Rappe sagt: «Du hast wohl
Den Schuss noch nicht gehört?
Ich bin doch schon seit Jahren
Gewerkschaftlich organisiert.»

Dem Schuster platzt der Kragen
Er packt sein Schießgewehr
«Du mieses, faules Miststück
Bist nicht mein Rappe mehr.»

Er zielt auf seinen Rappen
Gibt ihm den Gnadenschuss
Doch, ach! Er schießt sich dabei
In seinen eignen Fuß.

Raus aus den Federn, rein in die Puschen: ein Aspirin gegen den Dunkelbierschädel, schnell die Präsente der chinesischen Delegation in Packpapier eingewickelt, an meinen Doppelgänger adressiert und zur Lauenburger Post gebracht, dann nichts wie los. Mein linker Stiefel quietscht *yin,* mein rechter *yang,* die Moskitos machen *ssssssst,* meine Hände *pitsch-patsch:* So geht es auf schmalem, überwuchertem Pfad weiter, immer in Spuckweite des Flusses entlang.

Nach einigen Kilometern und einem unvermeidlichen Anstieg von etwa zwanzig Höhenmetern erreiche ich die kaum erkennbaren Überreste einer mittelalterlichen Festungsanlage: die Ertheneburg. Die Anlage, so lese ich, sicherte einstmals den Übergang der Alten Salzstraße von Lüneburg nach Lübeck über die Elbe. Neben der historischen Hinweistafel hängt ein Wanderwegsymbol, das ich noch nie gesehen habe: ein gelber Strahlenkranz auf blauem Grund. Es könnte sich um eine stilisierte Sonne handeln oder um das Logo einer Weltuntergangssekte oder um ein Zeichen für Radioaktivität – stimmt aber alles nicht: PILGERWEG steht am Rand des Schildchens, offenbar befinde ich mich darauf. (Nur auf welchem?)

Die ganze Welt, schreibt der Philosoph Michel Serres, sei von Zeichen, Markierungen, Referenzen überzogen: von einem unsichtbaren Gitternetz aus Verweisen, die unsere Welterfahrung unmerklich strukturieren. «Über den schmutzigen nationalen Weltkarten stapeln sich also noch tausend und abertausend Netze, die uns die Dinge der Welt zugleich darbieten und sie vor uns verbergen. Wir (...) glauben, dass wir die Dinge direkt wahrnehmen und verstehen würden; nein, das tun wir nur durch den undurchdringlichen Stapel der anderen Karten hindurch.» Offenbar befinde ich mich gerade an einem Knotenpunkt, an dem sich mehrere solcher Netze überlappen: eine historische Handelsroute. Ein legendärer Pilgerpfad. Ein populärer Radweg. Und wenige Meter entfernt verläuft die mächtige Elbe selbst, auf der die Kähne ihre Güter transportieren, Kohle, Abraum, Schrott. Der Drang, einem dieser determinierten Pfade zu folgen, eine dieser unsichtbaren Karten aus dem Stapel zu greifen und sich ihr anzuvertrauen, ist groß: Nimm die Radroute! Pilgere! Folge der Spur des Salzes! Doch ich bleibe standhaft. Wende mich ab, stolpere waldwärts, weg von der Festung, weiter der Nase nach.

Ein sachtes Kribbeln am rechten Oberschenkel, nicht unangenehm, aber ungewohnt, es macht mich stutzig. Ich rolle das halbe Bein der Wanderhose nach oben und entdecke insgesamt vier Zecken, die ich mir im feuchten, hüfthohen Farn- und Brennnesselgewucher unterhalb des Hohen Elbufers eingefangen haben muss. Oder sollte es genau umgekehrt sein? Schluss mit der anthropozentrischen Perspektive: Die Zecken haben *mich* eingefangen. Die faulen Biester haben sich den nächstbesten Menschen als Futter- und Reittier auserkoren und lassen sich jetzt von mir durch die Gegend tragen. Aber tut mir leid, meine Lieben – nicht mit mir. Ich packe die Tierchen mit Daumen- und Zeigefingernagel und werfe sie ins Ufergestrüpp. Sollen sie sich an einem der Biber gütlich tun, die hier allenthalben durchs Gehölz wuseln, umgestürzte Bäume mit konisch angenagtem Unterleib zeugen von ihrer Gegenwart.*

Ich beginne, eine Ballade zu dichten, in der es auf hochdialektische Weise um das Verhältnis zwischen Zecke und Mensch, Reiter und Reittier, Herr und Knecht geht. Der Rhythmus meiner Schritte gibt mir das Metrum vor, und ohne über die Form nachzudenken, verfasse ich den Text automatisch als Volksliedstrophe, in stetem Wechsel von Hebungen und Senkungen, von betonten und unbetonten Silben:

◡ — ◡ — ◡ —

* Einem verwitterten Schild entnehme ich, dass der Biber wegen seines schuppigen Schwanzes und seiner wasseraffinen Lebensweise früher als Fisch eingestuft wurde – und zwar zu dem einzigen Zweck, damit brave Christenmenschen ihn während der Passionszeit verspeisen durften: «Bezüglich seines Schwanzes ist er ganz Fisch», argumentierte ein findiger Jesuit 1754, «und er ist als solcher gerichtlich erklärt durch die Medizinische Fakultät in Paris, und in Verfolgung dieser Erklärung hat die Theologische Fakultät entschieden, dass das Fleisch an Fastentagen gegessen werden darf.»

Wenn ich den rechten Fuß auf den Boden setze, spreche ich eine Hebung, wenn ich den linken aufsetze, eine Senkung: Ich bin Rechtshänder und -füßer, daher ist das meine dominante Körperseite. Und mit einem Mal wird mir elbwasserklar, warum Volks- und Wanderlieder grundsätzlich in binären Rhythmen verfasst sind, in Jamben oder Trochäen, die jeweils zwei «Versfüße» haben. Wer wandert, kann nicht in dreihebigen Metren sprechen oder singen – das heißt: Er kann schon, aber dann käme er schnell ins Stolpern.

Nicht von ungefähr, denke ich, habe ich vor wenigen Tagen zum ersten Mal in meinem Leben einen Blues gedichtet – eine Liedform im Viervierteltakt, die sich durch stetige Wiederholung derselben Zeilen auszeichnet, durch Repetition und Variation. «Beim Gehen zeigt sich also die gewaltige Kraft der Wiederholung (...) *des Immergleichen*», schreibt Frédéric Gros. Der Körper beginnt, im Rhythmus der Schritte zu schwingen, und bringt so eine eigene, eintönige Art von Musik hervor: einen internalisierten Takt. Einen ostinaten Basslauf. Worte, die sich zunächst so ähneln wie ein Schritt dem anderen und doch vollkommen unterschiedlich sind, weil sich beim Gehen wie beim Sprechen die Landschaft ändert, weil die Wiederholung niemals deckungsgleich ist mit dem Original. Man kann nicht zweimal in denselben Versfluss springen.

Ja, sogar der kleine atheistische Psalm, den ich vor wenigen Tagen im Zelt verfasst habe, lässt sich mit der Poetik des Gehens begreifen: «Alle langen Fußwanderungen führen zu psalmodischen, monotonen Gesängen», so Gros. «Auch die Psalmen selbst sind im Wesentlichen Lieder von Pilgern und Wanderern. Sie singen vom Elend des

Die philosophische Grundlage der Kommunistischen Partei Chinas

Exils, von der ewigen Wanderschaft in der Fremde (…) oder sie handeln von Wunsch und Hoffnung auf das Gelobte Land.»

Dass ich nicht an die Existenz eines Gelobten Landes glaube und das Konzept der Pilgerschaft mir daher wesenhaft fremd bleiben muss, habe ich wohl hinreichend betont. Dennoch kann ich mich augenscheinlich nicht von den Metren des Wander-Dichtens befreien: Die Rhythmen von Ballade, Blues und Psalm haben sich tief in meine Beine, Muskeln, Matrix eingeschrieben. Der Körper hat seinen eigenen Willen, das Gehen seine eigene poetologische Kraft.

Mein Weg folgt nun einem Trimm-dich-Pfad. Ich passiere eine Reihe seniorengerechter Fitnessgeräte, darunter einen Beweglichkeitstrainer, von dessen Kunststoffscheibe mir, groß wie das Auge eines Riesenkalmars, das Yin-&-Yang-Zeichen entgegenstarrt. Ich bleibe wie hypnotisiert stehen und frage mich: Ist den braven schleswig-holsteinischen Regionalpolitikern, die diese Fitnessscheiben zum Wohle der Bevölkerung aufgestellt haben, eigentlich bewusst, dass ihre Wähler sich an Geräten ertüchtigen, die die philosophische Grundlage der Kommunistischen Partei Chinas im Wappen tragen?

Weiter elbabwärts wartet ein gigantischer Kasten: ein Gebäude wie ein Gebirge, die Wände schmutzig weiß, davor knallblaue Container, das Ganze so fenster- und freudlos wie ein IKEA-Möbel-Endlager. Es muss sich um das Atomkraftwerk Krümmel handeln, das mir vor drei Tagen in Dannenberg anmoderiert wurde. Nach mehreren Zwischenfällen wurde es 2011 vom Netz genommen, beherbergt aber immer noch geschätzte 500 000 Tonnen hochgradig verstrahlten Materials.

Der Uferweg führt direkt an dem Meiler vorbei: Wenn man eingezwängt zwischen dem fünf Meter hohen Elektrozaun, der das Areal abriegelt, und der Elbe an ihm vorbeigeht, ist seine Präsenz geradezu körperlich spürbar. Das Gebäude hat, im wahrsten Sinne des Wortes, *Ausstrahlung*. Es scheint über sich hinauszureichen, größer zu sein als die umbaute Kubatur: ein Phänomen, das ich sonst nur aus den Bergen kenne, etwa von den steil abfallenden Sandsteinwänden des Suilven in den westlichen Highlands. Doch während dessen Flanken mich vor Jahren, als ich an ihm vorbeiwanderte, magnetisch anzogen, stoßen die Mauern des Mount Krümmel mich magnetisch ab. Ich beschleunige meinen ohnehin flotten Schritt, nichts wie weiter. Meine Lust auf Flussbaden ist fortan, um im radioaktiven Metaphernfeld zu bleiben, merklich abgeklungen.

Am Ortsrand von Geesthacht versorge ich meinen Körper mit Zucker, kaufe Eis und Limonade. Im beginnenden Nieselregen lasse ich mich auf einer Bank am Flussufer nieder, ein paar Parkbänke weiter sitzt ein älterer Herr, rotkariertes Hemd, ergrauter, akkurat gestutzter Schnurrbart, mandelfarbener Teint. Er genießt ebenfalls sein Eis, beobachtet mich und meinen Rucksack freundlich, interessiert: Wahrscheinlich machen hier nur wenige Wanderer Station, eher Langstreckenradler auf dem Weg nach Cuxhaven.

Wir beenden unsere Zwischenmahlzeit zufällig zur selben Zeit, brechen auf, auf dem Weg ins Stadtzentrum gehen wir immer ein paar Schritte auseinander, mal ist er vor mir, mal hinter mir, ein dilettantisch choreographierter Annäherungstanz, bis er mich schließlich anspricht. Kerim, stellt er sich vor, zu Deutsch: «erhaben», «großzügig». Ein guter Name für meinen ersten Begleiter auf dem WdgW.

Gemäß § 7 Abs. 2 WdgW müsste ich Kerim nun nötigen, einen Teil meines Gepäcks für mich zu tragen («Du sollst alleine gehen. Aber wenn ein freundlicher Mensch sich dir anschließen möchte …«), verzichte aber stillschweigend darauf. Einerseits aus Respekt vor dem Alter; zum anderen, weil der Sinn des Paragraphen Kerim vermutlich nur schwer zu vermitteln wäre: Sein Deutsch ist recht brüchig, obwohl er, wie er mir erzählt, schon seit knapp fünfzig Jahren hier lebt. 1969 kam er mit achtzehn Jahren nach Geesthacht, arbeitete für drei Mark vierzig die Stunde in einer Konservenfabrik, füllte dort, ausgerechnet, das deutscheste aller Lebensmittel in Dosen ab: Sauerkraut. Kerim zeigt mir das Gebäude, wir kommen direkt daran vorbei. Die Fabrik hat inzwischen dichtgemacht, aber Kerim ist geblieben, wird wohl auch niemals zurückgehen in die Türkei, hier ist seine Heimat, außerdem: «Erdoğan scheiße. Macht Türkei kaputt. Wie Hitler.»

Aber, Themenwechsel: Was ich denn eigentlich so mache?, ein amüsierter Blick auf meinen Rucksack.

Ich erzähle Kerim von meinem Weg, meinem Buch. Während ich rede, wird mir siedend heiß bewusst, wie absurd solch ein Projekt in den Ohren eines Fabrikarbeiters klingen muss, der über vierzig Jahre lang am Fließband stand und körperlich schuften musste – aber Kerim hört mir wohlwollend zu, eine Wanderung, aha, er nickt, unterbricht mich schließlich: «Wie Kemal Kılıçdaroğlu», sagt er.

«Bitte?»

Der sei doch gerade nach Istanbul gewandert.

Ich schaue Kerim verständnislos an – dann erinnere ich mich, die Geschichte ging ja durch die Medien: Kılıçdaroğlu ist der Vorsitzende der Republikanischen Volkspartei, der größten Oppositionspartei im türkischen Parlament. Diesen Sommer, im Alter von fast siebzig Jahren, machte er sich zu Fuß auf den Weg von Ankara nach Istanbul, um gegen die Politik von Staatspräsident Erdoğan zu protestieren. Nach dreiundzwanzig Tagen war er am Ziel, angeblich wurde er dabei von bis zu zwei Millionen Menschen begleitet.

Mit seinem «Gerechtigkeitsmarsch» stellte sich der türkische Politiker in eine lange Tradition des Protestwan-

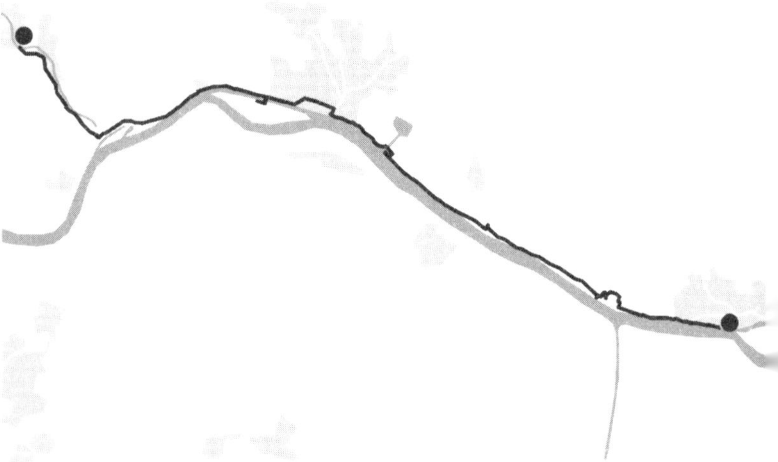

derns, als deren Begründer der indische Politiker Mahatma Gandhi gilt (mit dem Kılıçdaroğlu in der Tat immer wieder verglichen wird). Im Frühjahr 1930 wanderte Gandhi mit einer Gruppe *satyagrahi* im Gefolge knapp vierhundert Kilometer bis ans Ufer des Arabischen Meers, um gegen die Besteuerung des Grundnahrungsmittels Salz durch die britischen Besatzer zu protestieren. Die gewaltlose Aktion läutete den Anfang vom Ende der Kolonialherrschaft in Indien ein; zudem wurde sie zum Vorbild für zahllose weitere Protestwanderungen, etwa den berühmten *March on Washington* von 1963, an dessen Ende der Bürgerrechtler Martin Luther King seine legendäre «I Have a Dream»-Rede hielt. Oder den *Million Man March* von 1995, bei dem sich vorwiegend afroamerikanische Männer auf den Weg in die US-amerikanische Hauptstadt machten, sowie den *Million Woman March* von 1997.

Mittlerweile ist das kollektive Wandern zu einer globalen Form des politischen Protests geworden. «Das Gehen selbst hat zwar nicht die Welt verändert, aber das gemeinsame Gehen ist zu einem Ritual, einem Werkzeug, einer Selbstversicherung der Zivilgesellschaft geworden, die sich gegen Gewalt, Angst und Unterdrückung wendet», schreibt Rebecca Solnit. «Tatsächlich kann man sich nur schwer eine funktionierende Zivilgesellschaft vorstellen, die nicht über das freie Spiel der Vorstellungskräfte und das geographische Wissen verfügt, das man beim Gehen erlangt.»*

Inzwischen ist Kerim vor seinem Haus angekommen, verabschiedet sich, wünscht mir viel Glück für meine im Vergleich zu Kılıçdaroğlus Langstreckenmarsch so ganz und gar apolitische Wanderung. Schade: Ich hatte mich schon auf ausführlichere Wandergesellschaft gefreut. Noch eine halbe Stunde, und ich hätte Kerim doch einen Teil meines Gepäcks aufgedrängt.

Ich trotte allein weiter und erreiche am Ortsausgang von Geesthacht eine gewaltige Staustufe: hoch wie zwei Häuser, ein Schleusentor wie eine Guillotine. Die Anlage staut

* Natürlich kann sich ein solcher Marsch auch in sein reaktionäres Gegenteil verkehren: Man denke an die montagabendlichen Aufmärsche «besorgter Bürger» in der sächsischen Landeshauptstadt Dresden. Interessanterweise bezeichnen die Verantwortlichen diese Zusammenkünfte als *Spaziergang* – obwohl dieses Wort auf einen Umzug von mehreren tausend Biodeutschen, die Reichskriegsflaggen schwenkend durch die Straßen ziehen und das Deutschlandlied singen, kaum zu passen scheint. Vermutlich klingt *Marsch* zu militaristisch, *Fackelzug* ist historisch vorbelastet, und zum *Wandern* geht man ins Elbsandsteingebirge.

das Wasser auf vier Meter über Normalnull und kontrolliert damit den Einfluss der Gezeiten auf die Oberelbe. Ab hier ist der Fluss den Launen von Ebbe und Flut unterworfen, und das heißt: Er strömt bei Hochwasser bergauf. Ich bin gespannt, wie lange der Sog der Elbe unter diesen Bedingungen noch auf mich anhalten, wie weit sie mich noch stromabwärts ziehen wird.

Aber zunächst einmal ist es die Erde, die mich anzieht, oder genauer: der grasbewachsene Deich. Ich habe inzwischen die Technik entwickelt, bis zur vollständigen Erschöpfung zu gehen – und dann, sobald sich eine verlockende Stelle darbietet, mit einer einzigen fließenden Bewegung die Wanderstöcke zu Boden gleiten zu lassen, den Rucksack abzustreifen, während des Abstreifens die seitlich am Rucksack befestigte Isomatte aus ihrem Haltegurt zu lösen und auszurollen und mich, noch bevor die Matte vollständig entfaltet oder gar aufgeblasen ist, auf sie niedersinken zu lassen und die Augen zu schließen. In aller Regel bin ich eingenickt, bevor alle Problemzonen meines Körpers den Boden erreicht haben.

Ich schlafe für exakt zwanzig Minuten und träume von Wegen, Abwegen, Abzweigungen.

Dann stehe ich auf und gehe weiter.

12

Was die automatische Spracherkennung meines Mobiltelefons zu verstehen meint, wenn ich schwer atmend Richtung Hamburg laufe und wortlos ins Mikrophon schnaufe

Das finde ich
das bekomme ich nicht
wie groß
o hm
fuck
Hä hä hä hä hä
und seinen Gefährten
he he
Der gemacht werden
Oh
Was
Hm
7 finden
Wenn sie tut macht man mit dem nichts geschenkt
Ablehnen
Aber aber
Hm
Was ist mit dir
ich nicht
Das nichts machen

Ich will den
Warum
Wow
Hm hm
Müssen
Hm

Ich verlasse den Alten Bahnhof, in dem ich gestern Abend Zuflucht vor dem Gewitter gesucht habe, und folge dem breiten Weg, der von seinem Eingang aus durch die schlüpfrige Marschlandschaft führt: schnureben und topfgerade; offensichtlich der ehemalige Bahndamm.

Eine Gedenktafel erinnert an die unrühmliche Geschichte der Strecke: Sie wurde 1912 eröffnet, um diese ländliche Gegend an die Metropole Hamburg anzuschließen – aber ab 1938 diente sie vornehmlich dem Transport von Häftlingen in das unweit des Bahnhofs gelegene Konzentrationslager Neuengamme. Ungefähr hunderttausend Menschen waren hier interniert, mindestens die Hälfte von ihnen starb infolge der Arbeits- und Haftbedingungen, durch Zyklon B oder, noch wenige Tage vor Kriegsende, als das Lager von der SS geräumt wurde, auf den Todesmärschen. Eine weitere erzwungene und besonders grauenhafte Form der «Wanderung», die mich als nachgeborenen Genussgeher beschämt und kleinlaut zurücklässt.

Der französische Historiker und Erinnerungstheoretiker Pierre Nora unterscheidet zwei Sorten von Orten, an denen sich Vergangenheit kondensieren, kristallisieren kann. Einerseits sogenannte *milieux de mémoire:* Damit meint er Orte, an denen sich geschichtliche Ereignisse tatsächlich zugetragen haben, mit denen sich ein lebendiges, individuelles Erinnern verbindet. Und andererseits *lieux de mémoire*: Das sind artifizielle Gedächtnisorte, die «an Stelle» (*au lieu de*) konkreter Lokalitäten oder Ereignisse stehen, aber eben nicht am Ort des Geschehens. Sie verweisen lediglich mittelbar, zeichenhaft auf das, an was sie erinnern. (Das Denkmal für die ermordeten Juden Europas in Berlin wäre ein Beispiel für einen solchen *lieu*.)

Diese Bahntrasse nun ist, nach Noras Definition, ein *milieu de mémoire par excellence* – aber sie wirkt so makellos integriert in die jägerzaunstarrende, vollverklinkerte, besenreine Bundesrepublik, dass ich sie kaum noch als Gedächtnisort wahrnehme. Der Boden kann, wenn man ihn nur gründlich genug asphaltiert, sehr schweigsam sein. Die Vergangenheit ist, allen Gedenktafeln und der unabweisbaren Authentizität des Ortes zum Trotz, an diesem sonnigen Sommermorgen sehr fern.

Keine Viehwaggons. Keine SS-Schergen. Stattdessen freundlich lächelnde Rentnerpärchen mit Freizeitbräune und Pedelecs, die im Vorüberfahren «Moin, moin!» rufen, Silver Ager auf Silberpfeilen. Alle naselang hält einer von ihnen an, erkundigt sich, wohin ich denn gehe, nickt wissend, bestätigt, dass «der Weg das Ziel» sei, und versichert mir schließlich ungefragt, dass er oder sie «das» (also eine längere Wanderung zu Fuß und mit schwerem Gepäck) auch schon immer mal habe machen wollen oder immer noch machen wolle oder ganz bestimmt einmal in Zukunft machen werde. Dass irgendwelche Sachzwänge ihn oder sie aber – leider! – bislang davon abgehalten hätten.

Der Ton, in dem das erklärt wird, ist manchmal pathetisch, manchmal glaubhaft wehmütig, oft auch geradezu schuldbewusst. Ich bekomme dann das ungute Gefühl, dass ich nicht als profaner Wanderer unterwegs bin, sondern als wandelndes schlechtes Gewissen: als Beichtvater, dem wildfremde Menschen von ihren schuldhaften Wanderdefiziten berichten zu müssen meinen. Vermutlich lebt hier – in sublimierter, säkularisierter Form – der alte Gedanke von Pilgerschaft, körperlicher Erschöpfung und Vergebung weiter. «Die Vorstellung, dass Wanderungen, und zwar vor allem weite Wanderungen, eine erlösende Kraft haben, hat ein beängstigendes Eigenleben angenommen.» (Rebecca Solnit) Mir scheint, als gäbe es inzwischen einen unausgesprochenen Imperativ des Gehens, einen Zwang, sich auf Wanderschaft zu begeben und von dieser als anderer, besserer Mensch zurückzukommen. Anders gesagt: Die sprichwörtliche deutsche Wanderlust hat sich inzwischen zu einer Wanderlast gewandelt.

Nach eineinhalb schnurgeraden Stunden auf dem Bahndamm stoße ich wieder auf die Elbe. Ob es mir gefällt oder nicht: Allmählich hat sich, all meinen anti-teleologischen Vorsätzen zum Trotz (vgl. § 1 Abs. 2 WdgW), unbewusst ein Ziel in meinen Horizont geschoben. Ein möglicher Endpunkt, *My Own Private Santiago de Compostela*. Denn natürlich weiß ich, auch wenn ich keine Karte bei mir führe, dass die Elbe in die Nordsee mündet, und natürlich bietet das Meer, wenn schon die von mir so heiß geliebten Berggipfel per definitionem unerreichbar sind, ein gleichermaßen leuchtendes wie einleuchtendes Ziel. Ich bekenne freimütig: In schwachen Momenten sehe ich mich bereits am Strand von Cuxhaven, ich lasse den Rucksack fallen, streife im Laufen Kleider und Stiefel ab und stürze mich splitternackt in die Wellen. (Natürlich ist der Strand menschenleer, das Wasser warm, die Brise mild und weht aus Südosten.)

Zumindest die Freie und Hansestadt Hamburg kann nun nicht mehr weit sein: Das erkenne ich am Habitus der Angler. Die Petrusjünger, denen ich in den vergangenen Tagen begegnete, trugen meist Gummistiefel, Armeehosen und tranken Bier aus Plastikflaschen mit Schraubverschluss (wenn sie nicht bereits betrunken waren und im Suff mit mir Aale fangen wollten). Der erste Angler, den ich heute an der Elbe sehe, ist anders: Er trägt ein frisches weißes Hemd à la Christian Lindner, *tailor fit*, tadellos gebügelt, dazu eine schmalgeschnittene graue Anzugshose, die Frisur sitzt perfekt trotz steifer Brise, und der Entscheider wirft den Köder mit einer solchen Eleganz, Akkuratesse und aristokratischen Selbstverständlichkeit aus, als plante er nicht einen Zander, sondern den Deal seines Lebens an Land zu ziehen. Heute Abend wird er den Fang persönlich auf dem Induktionsherd zubereiten und seiner Frau bei einem Glas rassigen Chablis die quasi zen-meditativen Qualitäten des Raubfischangelns erläutern.

Die Nähe der hanseatischen Kulturmetropole zeigt sich auch daran, dass die Schiffe nun nicht mehr nach Lieb- oder Ortschaften, sondern nach großen deutschen Dichtern benannt sind. So trägt eine Barkasse, die im Hafen von Oortkaten vor Anker liegt, den Namen des Trümmerliteratur-Dichters Wolfgang Borchert: Er wurde in Hamburg geboren und hat hier nach dem Krieg seine wichtigsten Werke verfasst. Das Schiff ist, untypisch für den düsteren Borchert, sonnenblumengelb gestrichen, an seinem Oberdeck prangt das Emblem und der Schriftzug des Musical-Welterfolgs *König der Löwen*. Eine komische Kombination – oder sollte Borchert vor seinem frühen Tod im Alter von sechsundzwanzig Jahren an dem Musical mitgeschrieben haben? Ist sein Werk doch sehr viel umfangreicher, als ich dachte?

Ich zucke die Schultern, wende mich ab, gehe weiter Richtung Zentrum. Es kann nicht mehr weit sein; ich bin quasi *Draußen vor der Tür*.

Aber die letzten Kilometer ziehen sich. Zunächst bin ich gezwungen, vom Deich auf die binnenseitig verlaufende Landstraße zu wechseln, weil eine Schafherde den Deichweg okkupiert. Der Verkehr ist nervtötend, der Impuls, den Tramperdaumen zu heben, gewaltig, aber ich bleibe standhaft.

Ein Harley-Davidson-Fahrer kommt mir entgegengedröhnt, Lederweste, mächtiger Bauch, darauf ein eisernes Kreuz, darüber ein prächtiger weißer Rockerbart – aber was ist das? Der Rauschebart wird unterhalb des Kinns von einem kleinen rosaroten Gummiband zusammengehalten, ähnlich den Haarbändern, mit denen sich meine Tochter ihre Zöpfchen bindet. Ein Anblick, der den ansonsten martialischen Auftritt des Bikers angenehm lindert.

Ich versüße mir den weiteren Weg mit der Vorstellung, dass der Rocker bei seiner Ankunft im Vereinsheim zwar den Stahlhelm ablegt, aber vergisst, das Damenhaarband

Die Elbphilharmonie

aus dem Bart zu entfernen, und keiner der subalternen Rocker sich getraut, ihn auf seinen Fauxpas hinzuweisen.

Der Zöpfchenbiker: «Was' los, Digger? Warum kuckst du so? Willsdu 'n Passfoto von mir?»

Subalterner Rocker: «Äh … nichts, Präsi! Es is' nur …» (*gestikuliert in Richtung des Bartes*).

Der Zöpfchenbiker: «Büschen Bierschaum. Fahrbier. Was dagegen?»

Kurz darauf treffe ich auf die *Dove Elbe*, plattdeutsch für «Taube Elbe»: Sie heißt so, weil dieser Flussarm durch einen Deich vom Hauptarm getrennt ist und daher kaum Strömung führt. Das Wort *dov* ist etymologisch verwandt mit *doof* – und die Dove Elbe ist wirklich sehr doof, zumindest wenn man zu Fuß aus Südosten in die Stadt kommt, sie zwingt den Wanderer nämlich zu einem großen Umweg nach Norden, während er geradeaus schon die Innenstadt vor sich zu erblicken meint. Dort reckt sich ein elegantes Gebäude weit in den Himmel, geschwungenes Dach, teilverglaste Fassade … von Ferne halte ich es für die Elbphilharmonie, es handelt sich aber, wie ich beim Näherkommen feststelle, doch nur um das Heizkraftwerk Tiefstack.

Irgendwann beschließe ich, meine erschöpften, japsenden Atemgeräusche mit dem Diktaphon meines Mobiltelefons aufzuzeichnen – auf das ich, nebenbei bemerkt, erkleckliche Teile dieses Buchs im Gehen eingesprochen habe. Von dem Philosophen Thomas Hobbes wird berichtet, dass er bei Spaziergängen stets einen Wanderstab mit eingebautem Tintenfass bei sich führte, um allfällige Gedanken ruckzuck niederschreiben zu können. Ich selbst versuche, sie mir bis zur nächsten Rast zu merken – bevor ich etwas esse und der Magen alles Blut aus dem Gehirn abzieht, zücke ich schnell meine Kladde und kritzle wie ein Besessener darin herum, den verblassenden Gedanken hinterher. Wenn ich aber unkonzentriert bin und meinem Gedächtnis nicht traue, plaudere ich bereits während des Gehens mit der Aufnahmefunktion, oder ich atme hinein. Wie jetzt.

Nach zehn Minuten blicke ich auf das Display, um zu sehen, was die automatische Spracherkennungsfunktion aus meinem Japsen und Schnaufen für Nonsenswörter zusammenidentifiziert hat. Ich amüsiere mich für ein paar Sekunden über die Blödheit der App, dann mache ich mir stundenlang Sorgen um meinen Geisteszustand: Wie weit ist es mit mir abgewrackter Mensch-Maschine gekom-

Das Ende des weichen Weges

men, dass ich mich meiner geistigen Überlegenheit über eine kostenlose Spracherkennungsapplikation versichern muss?

Hand aufs Herz: Mir ist zum ersten Mal, seitdem ich in Berlin auf die Straße getreten bin, *langweilig*. Ein Gefühl, das ich glücklicherweise kaum kenne und das, folgt man meinem Gewährsmann und Lieblingswanderphilosophen Monsieur Gros, beim Gehen eigentlich auch gar nicht eintreten kann: «Im Grunde ist das Gehen immer das Gleiche: Man setzt einfach einen Fuß vor den anderen. Diese Monotonie birgt jedoch ein Geheimnis: Es ist ein Heilmittel gegen die Langeweile», so, so. «Die ständige Wiederholung, die das Gehen ausmacht, tötet die Langeweile (...) Im Zustand der Langeweile sucht man immer nach etwas zu tun, obwohl man doch über die Vergeblichkeit

jeder Bewegung Bescheid weiß. Beim Gehen gibt es immer etwas zu tun, nämlich das Gehen.»

Klingt vortrefflich, deckt sich aber leider absolut nicht mit meiner Erfahrung. Ich bin an einem Punkt angelangt, an dem die Monotonie des Gehens nicht mehr meditativ wirkt, sondern nur noch repetitiv, ermüdend.* Natürlich

* Wie ich später, nach dem Ende meiner Wanderung, überschlagen werde, bin ich heute schätzungsweise 50 000 Schritte gelaufen: Wann macht man sonst schon 50 000-mal am Tag dasselbe, und das mehrere Wochen in Folge?

habe ich «etwas zu tun» – aber dieses Etwas, die stetige Bewegung der Beine, ist mir im Lauf der vergangenen elf Tage so zur Routine geworden, dass ich es gar nicht mehr bemerke. Wer immer dasselbe tut, tut es irgendwann nicht mehr. Wenigstens nicht bewusst.

Ich finde schließlich eine Pension in der Innenstadt, unweit vom Hamburger Rathaus. Sie befindet sich auf den Etagen No. 2 bis 4 eines schmutzig weiß verklinkerten Nachkriegsgebäudes, im Erdgeschoss befindet sich ein Restaurant, im ersten Stock, wie es sich für eine echte Hafenmetropolenabsteige gehört, ein Bordell – pardon: ein Studio für erotische Massagen. SINNENTRA steht auf dem Schild, das ich auf dem Weg zur Rezeption passiere, aber ich werde den Verdacht nicht los, dass die Betreiberin eigentlich SINNENTRAUM darauf schreiben wollte und dass für die letzten beiden Buchstaben kein Platz mehr war.

Das Fenster meines Zimmers führt zu einem winzigen, überdachten Lichtschacht ohne Verbindung zur Außenwelt; Lüften ist zwecklos, es müffelt selbst für Absteigeverhältnisse überwältigend penetrant nach Reinigungs- und Desinfektionsmitteln. Ich denke lieber nicht allzu ausführlich darüber nach, welche Körperaromen und -säfte durch die Putzmittel entfernt, überdeckt, desinfiziert werden sollen. Ich sehne mich nach meinem Zelt, das wie ein Hund zusammengerollt in einer Ecke des Zimmers liegt und schläft.

Ich beschließe, den Kontakt mit dem Bett so lange wie möglich hinauszuzögern.

13

Es war mal ein Wirt in Altona
Der war dort non grata persona
Wenn er einen Gast sah
Der sagte: «Ein Astra»
Gab er ihm ein warmes Corona

Ich erwache gerädert. Was einerseits daran liegt, dass ich ohne Sauerstoff schlecht schlafe, und andererseits daran, dass ich gestern, bevor ich meinen Körper in die chloroformierten Laken der Absteige bettete, noch einen Abstecher in die Hafenstraße gemacht habe, in das formidable Beachbarkonglomerat Strand Pauli. Ich kam in einem tahitianisch anmutenden Langhaus zu sitzen, schaufelte Pizza, schüttete wässriges Hamburger Bier, und auf einem Balken über meinem Kopf stand eine Frage in den Raum geschnitzt, die mir als erschöpftem Wanderer gehörig zu denken gab:

SOLL ICH MICH
GEHEN LASSEN?

Hm. Schön wär's, und dem Konzept des WdgW wunderbar angemessen – aber nach derzeitigem Stand der Dinge muss ich das Gehen noch selbst besorgen.

Ganz anders die geschätzte Autorenkollegin Isabel, mit der ich zum Frühstück verabredet bin: Sie hat im vergangenen Jahr einen veritablen Romanbestseller gelandet und kann sich seitdem vermutlich überallhin gehen, tragen oder fahren lassen – und so bin ich gelinde gesagt überrascht, als sie zu unserem Treffen vor dem Rathaus nicht mit dem Chauffeur, der Rikscha oder auf einer von vier Lustknaben gestemmten Sänfte, sondern tatsächlich profan zu Fuß kommt.

Das heißt: auf *einem* Fuß, dem rechten. Das linke Bein trägt sie in eine lange, weiße, vom Hamburger Permaregen ordentlich eingefeuchtete Mullbinde gewickelt. Angeblich hat sie sich vor ein paar Tagen den Knöchel verstaucht, die Kapsel verletzt, das Band angerissen: eine Sache, über die ich als chronisch Kniegeschädigter mich keinesfalls lustig machen sollte, aber irgendwie werde ich den dumpfen Verdacht nicht los, dass Isabel den Verband nur angelegt hat, um etwaige Vorschläge meinerseits, doch ein Stück Wegs mitzuwandern und bei der Gelegenheit einen Teil meines Gepäcks zu schultern, gleich im Keim zu ersticken (vgl. § 7 Abs. 2). Sie kennt die Zehn Gebote des WdgW; sie ist vorgewarnt.

Wir gehen also mit Rücksicht auf den verletzten Fuß und das immer hamburgischer werdende Wetter bloß ein paar Schritte: erst in das nächstbeste italienische Café, dann in ein bretonisches Restaurant, die Bedienungen tragen natürlich blauweiß gestreifte Joppen, an den Wänden Fotos von Leuchttürmen im Sturm. Wir essen Galettes aus Buchweizenmehl, die genauso gut schmecken wie in der Bretagne, und wenn man aus dem Fenster durch das Schmodderwetter auf den von Regentropfen gesprenkelten Kanal schaut, könnte man tatsächlich meinen, man wäre in einer Brasserie in Brest.*

Wir reden über unsere Leidenschaft für die schottischen Highlands, wo Isabels Roman spielt und ich einige meiner herakleischsten Wandertouren absolviert habe. Wir arbeiten uns so durch den keltischen Kulturraum allmählich nach Westen und gelangen schließlich von der Bretagne über Großbritannien mit einem gedanklichen Satz über die Nordsee in die irische Grafschaft Limerick, oder besser gesagt: zu der bekannten Gedichtform gleichen Namens.

Eigentlich lässt sich ein Limerick nur im Sitzen schreiben: Zu holprig ist das Metrum, zu unregelmäßig das Reimschema (AABBA), um ihn im Gehen zu verfassen. Er eignet sich eher zur Standortbestimmung, nicht von ungefähr endet die erste Zeile des klassischen Limericks, jene Zeile, die den Hauptreim vorgibt, stets mit einem Ortsnamen. Tatsächlich geht es in dem allerersten Limerick, den ich jemals kennen- und auswendig gelernt habe, ausgerechnet um Hamburg – ich muss ihn vor über drei Jahrzehnten in einem Schulbuch gelesen haben, jetzt kommt er aus den Tiefen der Erinnerung angekrochen wie ein schuldbewusster Hund und setzt sich zu uns an den Tisch. Er stammt aus der Feder der Kinderbuchautorin Irmela Bender und geht so:

* Ich kann zu diesem Zeitpunkt noch nicht ahnen, dass ich in wenigen Tagen tatsächlich in Brest sein werde. Noch weniger kann ich wissen, dass es das falsche Brest sein wird.

Es war mal ein Junge aus Altona
der stand am Meer und steht immer noch da
Er schlug einfach Wurzeln
statt weiterzupurzeln
sonst wär er längst in Amerika.

Ist es dem Ort geschuldet, dass mir dieses Gedicht ausgerechnet jetzt wieder einfällt? Oder handelt es sich um einen Wink meines Unbewussten, nicht länger hier in der Kneipe Wurzeln zu schlagen und endlich weiterzugehen: Richtung Meer, nach Amerika, egal, auf jeden Fall weiter nach Westen? Ich entscheide mich für Letzteres, dränge zum Aufbruch.

Isabel begleitet mich noch bis zu den Landungsbrücken, wir umarmen uns ungelenk, so gut kennen wir uns nun auch wieder nicht, Küsschen links, Küsschen rechts, keins? Ich gelobe feierlich, ihr demnächst einen Limerick zu schreiben, dann zerrt eine Böe mich davon. Als ich Isabel das letzte Mal sehe, springt sie leichtfüßig über die schlüpfrigen Holzplanken, die Mullbinde an ihrem Bein flattert im Wind.

Ich drängle mich mit meinem Tornister durch die Massen der Landungsbrücken und muss an Elias Canetti denken, an seinen Begriff der «Vermehrungsmeute». Es ist Samstag, und offenbar haben sämtliche Männer im heiratsfähigen Alter aus Hamburg und Umgebung beschlossen, kommende Woche den Bund der Ehe einzugehen und es daher heute mit einer Kohorte Geschlechtsgenossen noch mal so richtig krachen zu lassen. Ich wühle mich Zentimeter um Zentimeter durch die trunkenen Horden elbabwärts, werde Richtung Wasser gedrängt, bis ich schließlich vor der Gangway einer Hafenbarkasse zu stehen komme. Linie 62, sie legt gerade ab, kein Kontrolleur weit und breit – und einem tief aus meinem Reptilienhirn kommenden Fluchtreflex folgend, formuliere ich flugs einen weiteren Verfassungszusatz und steige ein.

Amendment No. 7

Wenn du dich im Pieselregen mit schwerem
Gepäck durch die Menschenmassen auf den
Hamburger Landungsbrücken zwängst, wenn du
auf allen Seiten von betrunkenen Junggesellenabschiedsausflüglern umgeben bist, wenn
es allenthalben nach Frittenfett und paniertem
Fisch riecht, wenn du nur weg von dort willst und
just in diesem Moment eine Elbfähre ablegt, die in
deiner Marschrichtung fährt und keine Fahrkartenkontrolle aufzuweisen scheint: Steig ein.

Wie immer, wenn ich ein Schiff betrete, nehme ich intuitiv die Treppe zum Oberdeck, gehe zum Bug, setze den Rucksack ab und lehne ihn an die Reling. Von dem flämischen Philosophen Arnold Geulincx ist der Aphorismus überliefert, die begrenzte Freiheit des Menschen bestehe darin, auf dem Deck eines Schiffs, das nach Westen fährt, nach Osten zu laufen. Im Anschluss und in Ergänzung dazu könnte man formulieren: Die Freiheit des Wanderers auf dem WdgW besteht darin, auf dem Deck eines Schiffs, das nach Westen fährt, am Bug zu stehen und sich nach Westen schippern zu lassen.

Ein junger Mann gesellt sich zu mir, kleiner als ich, er

hat ein freundliches, offenes Gesicht, einen perfekt gestutzten schwarzen Bart, hellbraune Wildlederjacke. Als die Fähre ablegt, deutet er geradeaus, elbabwärts, und fragt mich, ob in dieser Richtung das Meer sei. Ich blicke ihn erstaunt an: Offensichtlich kein Einheimischer – meine Güte, ich kenne mich in Hamburg ja auch nicht aus, aber wo sonst sollte biddeschön das Meer sein?

Ich bejahe, und das Gesicht meines Gegenübers hellt sich sofort auf. Er grinst breit, obwohl er kaum älter als dreißig sein mag und ansonsten durchaus gepflegt wirkt, hat er schon mehrere Zahnlücken.

«Das Meer!», sagt er glücklich, leichter Singsang, erkennbarer Akzent.

Ich frage ihn, wie er heißt und woher er kommt.

«Ahmed.»

Er kommt aus Bengasi, der zweitgrößten Stadt in Libyen, seit über drei Jahren herrscht dort bekanntlich Bürgerkrieg: Ein Großteil der Einwohner ist auf der Flucht, Schätzungen zufolge haben bis zu zwei Millionen Menschen das Land verlassen, eine weitere halbe Million sind Flüchtlinge im eigenen Land. Ahmed floh 2014, kurz nach Ausbruch des zweiten Libyschen Bürgerkriegs: zuerst nach Rom, von dort nach Stockholm, dann nach Kopenhagen, von Dänemark reiste er schließlich über Hamburg nach Berlin, wo er heute lebt.

Zum ersten Mal fällt mir auf, wie sehr die Begrifflichkeiten der Migration vom körperlichen Akt des Gehens geprägt sind: Man spricht von *Auswanderung, Einwanderung, Zuwanderung* – ja, auch im Begriff der *Migration* steckt das lateinische *migrare*, «wandern». Die Begriffe haben etwas Archaisches, erinnern an die großen Bewegungen der Völkerwanderungszeit, an fremde Horden, die sich mit Sack und Pack über nationalstaatliche Grenzen schleppen. Auf moderne Menschen wie Ahmed, die sich mit Flugzeugen, Bussen, Zügen oder eben Fähren fortzubewegen wissen, scheinen sie nicht zu passen, verleihen ihnen ein allzu archaisches Flair.

«Berlin ist sehr schön», sagt Ahmed. Der einzige Fehler, er lächelt entschuldigend, sei, dass es nicht am Meer liegt (eine Einschätzung, der sich viele passionierte Berliner, die ich kenne, anschließen dürften). «Von meinem Haus in Bengasi konnte ich das Meer sehen», sagt er, er lächelt immer noch, aber es ist jetzt ein gebrochenes Lächeln, eines, das weit in die Ferne reicht. «Fünfzehn Minuten entfernt.»

Ahmed schnuppert. Er wendet sich wieder der Unterelbe zu, fächelt sich mit der Hand Luft in Richtung der Nase, prüft den Salzgeruch wie ein Whisky-Kenner, der einen edlen Scotch begutachtet. Ich tue es ihm gleich – und nun glaube auch ich, es riechen zu können, zum ersten Mal auf meiner Wanderung, obwohl es bestimmt noch hundert Kilometer entfernt ist.

«Das Meer!»

Die Besiedlung am nördlichen Elbufer wird dünner, bourgeoiser. Die Junggesellenabschiedsgruppen habe ich erfolgreich abgeschüttelt, und ich möchte das siebte Amendment nicht allzu sehr strapazieren: An der Station Neumühlen in Altona verabschiede ich mich von Ahmed, schultere meinen Rucksack, steige aus.

Der Weg führt mich weiter elbabwärts, der Nase und dem Salzgeruch nach. Zu meiner Rechten funkeln Lotsen-

Die Heilige Linde von Blankenese

häuser und Jugendstilvillen, zu meiner Linken die Elbe, früher lebten hier vor allem Fischer und Seeleute, inzwischen riecht es nach hanseatischem Großbürgertum: Der heftigste politische Konflikt, so entnehme ich herumflatternden Handzetteln, dreht sich derzeit um die Frage, ob der Elbe-Radweg über den örtlichen Strandabschnitt geführt werden soll oder nicht.

Am Ortseingang von Blankenese hat eine unbekannte Hand ein Gedicht von Joachim Ringelnatz an die Wand gepinselt, eine Art bildungsbürgerliches Graffito – hier im feinen Hamburger Westen tragen selbst die Sprayer Lyrikbändchen mit sich herum.

In Hamburg lebten zwei Ameisen,
Die wollten nach Australien reisen.
Bei Altona auf der Chaussee
Da taten ihnen die Beine weh,
Und da verzichteten sie weise
Dann auf den letzten Teil der Reise.

Erst der Limerick vom wurzelschlagenden Jungen, jetzt diese Verse: Ich werde das Gefühl nicht los, dass eine höhere Macht auf subtile, ja subliminale Weise versucht, mich von der Fortsetzung meiner Wanderung abzubringen. Schließlich tun auch mir nach über zwölf Tagen des ununterbrochenen Gehens gehörig die Beine weh – und so weise wie eine Ameise bin ich schon lange.

Doch da, als ich gerade ketzerisch darüber nachsinne, ob es nicht eine Möglichkeit und in schönster Übereinstimmung wenn nicht mit dem Buchstaben, so doch dem Geiste des WdgW wäre, die nächstbeste S-Bahn zurück nach Hamburg Hbf zu nehmen und sich in einer weichen und

wohlriechenden hanseatischen Herberge einzuquartieren … da reißt plötzlich der westliche Himmel auf wie eine Bratwurst, die zu lange übers Feuer gehalten wurde, fleischrot verfärbt sich das Firmament, der Fluss darunter spreizt sich in alle Richtungen, macht sich so weit und breit, dass er mit meinen kläglichen Sinnen kaum zu umfassen ist … und ich glaube plötzlich zu verstehen, was Friedrich Schiller meinte, als er das Gefühl des Erhabenen als eine «Zusammensetzung von Wehsein (…) und von Frohsein» beschrieb, ich spüre ein süßes Verlangen, mich hineinzustürzen in diesen Horizont, in diese Bratwurst, dieses Gefühl meiner eigenen Nichtigkeit … und ich gehe weiter, natürlich gehe ich weiter, bis ich am Himmel verblasse

Ohrwürmer heute

Bernd Begemann und die Befreiung, «Unten am Hafen»
Volkstümlich, «De Hamborger Veermaster»
Gottlieb Wendehals, «Polonaise Blankenese»

Sexphantasien

immer noch keine. Und das, obwohl am Ortseingang von Blankenese eine Linde steht, deren Borke auf einer Länge von einem Meter so unverkennbar vulvaförmig aufgeplatzt ist, dass der Baum in naturreligiös geprägten Kulturen zweifelsohne als gewaltiges weibliches Fruchtbarkeitssymbol verehrt würde. Die protestantischen Blankeneser haben stattdessen einen Pfeil an den Rand des Muttermunds gemalt, der den Wanderer züchtig an der Öffnung vorbeiführt.

14

Was du am vierzehnten Tag auf dem WdgW gelernt haben wirst

1.
Beim morgendlichen Rucksackschnüren ist es sinnvoll, die wichtigsten Sachen zuoberst einzupacken.

2.
Nach zwei Wochen auf dem WdgW wirst du ganz unten in deinem Rucksack Dinge entdecken, von denen du nicht mehr wusstest, dass du sie dabeihast, und von denen du auch nicht mehr nachvollziehen kannst, weshalb du jemals glaubtest, sie unterwegs gebrauchen zu können.

3.
Zum Beispiel diesen wasserdichten Geldgürtel, den du zum letzten Mal vor zwanzig Jahren getragen hast. Wenn überhaupt.

4.
Hast du wirklich gedacht, dass du mit einem fleischfarbenen Gürtel voller Phynanz und Ausweispapiere um den Bauch in die Elbe springen würdest? Die letzte Badehose hat keine Taschen.

5.
Du wirst außerdem einen Beutel mit frischer und einen Beutel mit schmutziger Wäsche entdecken und nicht mehr genau unterscheiden können, welcher welcher ist.

6.

Es wird dir ein bisschen egal sein.

7.

Nach zwei Wochen auf dem WdgW wird dir allmählich die Kontrolle über die Zeitformen entgleiten, und du wirst beginnen, dich selber zu duzen.

Du wirst auf dem schönsten Zeltplatz der Welt erwachen, und dein Zeltnachbar wird der freundlichste Zeltnachbar des Universums sein. Er wird dich zu Kaffee und Schrippen einladen, und du wirst mit ihm und seinem vierjährigen Sohn am Elbstrand sitzen und deine nackten Füße im Sand verbuddeln. Du wirst dir vorstellen, deine Füße könnten Wurzeln schlagen, du könntest dich wie die mythische Nymphe Syrinx in ein Schilfrohr verwandeln und einfach hierbleiben, aber dann wird es wieder zu regnen beginnen, und dein freundlicher Zeltnachbar muss zurück zu seiner Frau, die bald Zwillinge bekommt, und du sagst, dass du ebenfalls weitermusst, auch wenn dir zunehmend unklar ist, wohin und warum.

Also wirst du dasselbe machen, was du jeden Morgen tust: den Schafsack in seine Hülle stopfen, die Isomatte zusammenrollen, das Zelt abbauen und dein gesamtes Hab und Gut im Rucksack versenken, und du wirst bei dieser Gelegenheit auf Dinge stoßen, deren Existenz dir entfallen war, gerade so wie deine eigene Existenz dir allmählich entgleitet. Du wirst dich von deinem Zeltnachbarn und seinem Sohn verabschieden, so herzlich, als würdet ihr euch schon lange kennen, und so verbindlich, als würdet ihr euch irgendwann wiedersehen, und wirst doch

«Groß ist sich verlieren./Was sich verliert, ist anderswo,/was anderswo ist, kommt zurück.»(Laozi)

ahnen, dass sich eure Lebenswege nur dieses eine Mal gekreuzt haben. Du wirst verdrossen losmarschieren und dich weiter stromabwärts treiben lassen, aber der westliche Himmel wird nicht mehr aussehen wie eine aufgeplatzte Grillwurst, sondern wie ein altes Stockbrot, das am Lagerfeuer angekokelt und dann in die kalte Asche gefallen ist. Und das Gefühl des Erhabenen, das dich am Vorabend noch umfangen hat, wird sehr fern sein.

Nach ein paar Kilometern wirst du die Schiffsbegrüßungsanlage Willkomm-Höft erreichen. Seit 1952 wird hier jedes Schiff, das in den Hamburger Hafen einläuft oder ihn verlässt, auf gut Nautisch begrüßt beziehungsweise verabschiedet, indem die Hamburger Flagge gesenkt und das internationale Flaggensignal für *Gute Reise* gehisst wird. Bei größeren Schiffen wird außerdem über

Lautsprecher die Nationalhymne des Landes abgespielt, aus dem der Frachter oder Luxusliner kommt, angeblich verfügen die hier arbeitenden Begrüßungskapitäne über ein Audioarchiv mit über hundertfünfzig Hymnen. Außerdem über 17 000 Karteikarten, auf denen Name, Baujahr, Reederei, Werft, Länge, Breite, Tiefgang, Containerstellfläche und andere nerdige Details der wichtigsten Schiffe, die hier passieren könnten, aufgelistet sind: ein Traumjob für Männer, die sonst Briefmarken sammeln oder auf andere Weise Ordnung in eine unübersichtliche Welt zu bringen versuchen.

Als du die Schiffsbegrüßungsanlage passierst, wird es ausnahmsweise still sein am Hafen, keine Hymne, kein Flaggenzeremoniell – dafür macht sich gerade, als du die letzten Schritte zur Anlegestelle hinuntertappst, eine Fähre zum Ablegen bereit. Und weil dir das gegenüberliegende Ufer stets flacher und grüner erscheint, und weil es zudem der Sonne, wenn sie sich denn zeigt, geschätzte hundert Meter näher ist, gehst du, den Schwung der Landungsbrücke ausnutzend, kurz entschlossen an Bord. Der Fährmann mustert dich eine halbe Sekunde lang, dann sagt er mit einer Bestimmtheit, die keine Widerrede duldet: «Einfache Fahrt. Der Mann will noch weiter.»

Du widersprichst nicht und setzt dich auf eine Bank an der Steuerbordseite. Ein letztes Mal siehst du elbaufwärts die Ladekräne des Hamburger Hafens, sie recken ihre stählernen Ausleger über den Fluss wie alte Freunde, die dir zum Abschied zuwinken, die Wasseroberfläche wie Quecksilber. Auf dem Weg zur Toilette liest du den Taufspruch des Schiffs, er ist hinter Plexiglas an die Wand geschraubt:

Fast 35 Meter lang und 8 Meter breit,
allzeit zum Queren der Elbe bereit.
Du sollst den Menschen Freude bereiten,
immer soll das Glück Dich begleiten.
Der 17. März ist Dein großer Tag,
wir hatten es fast nicht zu hoffen gewagt.
Doch heut wird gefeiert, ich grüße Dich,
Du bist ein stolzes, schönes Schiff.
Ich wünsche Dir Fahrgäste, ganz, ganz viel,
Und immer eine Handbreit Wasser unter dem Kiel.
Wir stoßen jetzt an, mit viel Freude dabei,
taufe ich Dich nun auf den Namen
«Dat Ole Land II».

Freude, Glück, Schönheit, gute Gesellschaft und immer genügend Raum zur Entfaltung («Wasser unter dem Kiel»)? Mit entsprechenden Modifikationen, vor allem die Größe betreffend, könntest du auch deinen Kindern kaum etwas Besseres wünschen. Und weil du heute, ahoi, ausnehmend nah am Wasser gebaut bist, treibt das Gedicht dir trotz seiner metrischen Holprigkeit Tränen der Rührung in die Augen.

Die Fähre ist beinahe leer, du hast eine Sitzecke für dich allein, ein Dach über dem Kopf und Zeit zum Lesen, zumindest für zwanzig Minuten. In einer großen Tageszeitung stößt du auf die Reportage einer Bekannten, Autorin und Journalistin aus Berlin: Wie du hat sie sich diesen Sommer von der Hauptstadt auf eine Reise ins Ungewisse begeben – allerdings mit Hilfe eines Online-Anbieters, der sich auf Fahrten ins Blaue spezialisiert hat. Der Plan für Planlose: Man gibt auf der Webseite des Unternehmens seine Wunschreisezeit, Freizeitvorlieben und finanziellen Möglichkeiten ein und lässt sich eine Überraschungsreise zusammenstellen. Eine Woche vor Abfahrt oder -flug erhält man einen versiegelten Umschlag, der die Tickets sowie Informationen zur Unterkunft enthält – allerdings darf man ihn als braves Kind nicht sofort aufreißen, sondern erst unmittelbar vor der Reise öffnen. Drei Tage vor Abreise erfährt man, ob man für die Berge, fürs Meer, die Antarktis, die Wüste oder eine Städtereise packen sollte. Dann geht es los.

Offenbar ein neuer Trend: Es gibt, wie du dem Artikel entnimmst, noch weitere Start-ups, die solcherlei Kinderlandverschickung betreiben, es scheint also ein verbreitetes Bedürfnis zu bestehen, ziellos draufloszureisen, ohne Karte, ohne Plan. In einer Zeit, in der dank Google Earth, einer Bibliothek von Babel voller Reiseführer sowie zahlloser Online-Bewertungsportale jeder Trip bis ins letzte Detail kalkulierbar erscheint, wird gerade der Gedanke an Kontingenz und Überraschung attraktiv. Wo Ordnung herrscht, wächst die Sehnsucht nach Chaos. Du könntest dich als Reiseleiter andienen, denkst du, und Gruppen zahlungskräftiger Touristen nach allen Regeln der Kunst in die Irre führen. Der WdgW verläuft, ohne dass du es ahntest, mittenmang durch den Zeitgeist.

Station Lühe. Am anderen Ufer erwartet dich dasselbe Symbol, das dir schon gestern an der Ertheneburg aufgefallen ist: gelber Strahlenkranz auf blauem Grund, es prangt als quadratischer, kaum handbreiter Aufkleber auf dem Pfosten eines Straßenschilds. *#wtf?*, denkst du, oder vornehmer: Welche mysteriöse Sekte wusste schon vor dir, dass du hier entlangwandern würdest? Wer hat deinen Weg vorgezeichnet? Du zückst dein Telefon, öffnest den Browser, gibst die Stichworte «wanderzeichen gelb blauer grund» bei einer großen, bösen Suchmaschine ein – und siehe: Der vermeintliche Strahlenkranz entpuppt sich als stilisierte Jakobsmuschel. Es handelt sich um nichts weniger als die offizielle Markierung des Pilgerwegs nach Santiago de Compostela (im Geiste hörst du sieben Milliarden Hape-Kerkeling-Leser lauthals auflachen: Bruhaha, er erkennt das Jakobsmuschelsymbol nicht!). Du befindest dich also, ohne dir dessen bewusst zu sein, schon seit Tagen auf dem beliebtesten Pilgerweg der Neuzeit – genauer gesagt auf der Via Baltica, jenem Teil der Route, der seit dem Mittelalter Pilger aus Nord- und Nordosteuropa in Richtung Pyrenäen und schließlich bis nach Galizien führt.

Du fragst dich: Ist es Zufall, dass du im Zuge deiner säkularen Pilgerfahrt auf einen echten Wallfahrtsweg geraten bist, oder ist es Fügung? Versucht Der-da-oben, vielleicht weil du dieses Frühjahr aus der Kirche ausgetreten bist, dir durch diese Routenführung etwas zu sagen? Verläuft womöglich entlang des Jakobswegs ein spirituelles Kraftfeld, das dich in seinen Bann gezogen und wie ein Funkleitstrahl hierhergeführt hat? Oder sind bereits die Pilger des Mittelalters dem WdgW gefolgt, so dass du zwangsläufig in ihre über die Jahrhunderte ausgetretenen Fußstapfen trittst?

Die Botanik wird eintöniger, an Stelle der prächtigen Silberweiden, die stromaufwärts das Ufer säumen wie gutmütig-weise Greise, keimen hier nur noch mickrige

Der Wächter des Stroms

Trauerweidenbüschel, dahinter dehnen sich die unendlichen Obstbaumspaliere des Alten Landes: *dat ole Land I*, das Original. Einige Kilometer elbabwärts kreuzt ein weiterer Energiestrom deinen Weg, möglicherweise mächtiger als der Jakobsweg, auf jeden Fall im Gegensatz zu diesem kaum zu übersehen, eine gewaltige Stromtrasse. Mehr als zweihundert Meter hoch erheben sich die rotweiß gestrichenen Masten über die Elbe, halten mit jedem Arm ein Bündel Stromleitungen gepackt, reichen sie dem nächsten Verwandten weiter, immer weiter nach Süden: Es handelt sich um die höchsten Freileitungsmasten Europas, Elbekreuzung 1 und 2. Du zögerst einen Moment, unter ihnen hindurchzugehen, wie zuvor, als du das Zeichen der Jakobsmuschel entdeckt hast, erwartest du etwas zu spüren, eine Energie, ein Prickeln der Kopfhaut, eine Kraft, die größer ist als du – aber wie zuvor an der Fährstation Lühe empfindest du nichts. Der einzige Strom, der dich in Bann hält, ist die Elbe.

Allerdings macht sich allmählich eine weitere Kraft bemerkbar, eine, die deinen Weg bisher nur wenig beeinflusst hat und die du derzeit noch standhaft zu ignorieren versuchst: der Wind. Ja, je näher du der Nordsee kommst, desto deutlicher weht dir aus ihrer Richtung eine zunehmend das Adjektiv *steif* verdienende Brise entgegen. Du willst das nicht wahrhaben, hast dich augenscheinlich enorm in den Telos Cuxhaven verguckt; alle paar Schritte bleibst du stehen, reißt ein paar arglose Grasrispen ab und wirfst sie in die Luft, um zu überprüfen, wohin der Wind sie treibt, aber das Ergebnis bleibt immer dasselbe: Sie fliegen dir ins Gesicht.

Umkehren kommt nicht in Frage: Denn erstens geht es da, wie subtil und sachte auch immer, unabweisbar stromaufwärts (§ 3 Abs. 2 WdgW). Und zweitens BIST DU DIE VERDAMMTE STRECKE GERADE TAGELANG IM SCHWEISSE DEINES ANGESICHTS GEGANGEN UND DENKST NICHT IM TRAUM DARAN SIE WIEDER ZURÜCKZULATSCHEN NUR ÜBER DEINE LEICHE ERD REICH HIMMEL REICH HIMMEL BLAU HALLO HANNA DER KAFFEE IST FERTIG UM DREI GIBT ES BRATHERING UND BRATKARTOFFELN BESSER IM SITZEN ALS LIEGEN DAS UNKRAUT JÄTE ICH NICHT SO GERNE OASE INSEL IN DER GROSS STADT.

Einfach weitergehen ist aber auch keine Option, zu offensichtlich ist der Konflikt mit § 3 Abs. 3 WdgW («Wenn der Wind von Westen weht, gehe nach Osten»). Du entscheidest dich schließlich für einen Kompromiss: Kurz

Die Qual der Wahl

vor dem ehemaligen Kernkraftwerk Stade, das nur schlappe dreißig Jahre in Betrieb war, aber bereits so rührend patiniert aussieht wie eine romanische Basilika, kurz vor diesem Monument frühzeitig gealterter Utopien also gibst auch du deinem Traum, bis zur Nordsee zu laufen, den Gnadenschuss und biegst kurzentschlossen Richtung Südwesten ab. Im rechten Winkel, weg von der Elbe. Ins offene Land.

Zunächst fühlst du dich erleichtert, befreit, froh, dem teleologischen Diktat des Elbverlaufs entkommen zu sein, läufst im Slalom durch die Obstspaliere des Alten Landes, vergleichst Äpfel mit Birnen. Doch dann erfasst dich mit einem Mal eine enorme Haltlosigkeit und Leere, erwischt dich unversehens, als hätte sich ein Zentner Fallobst aus der nächsten Baumkrone gelöst und dir den Schädel zerschmettert. Du wirst gewahr, wie sehr du dich im Lauf der vergangenen Woche an den Fluss als Begleiter und Wegweiser gewöhnt hast. Die wiedergewonnene Freiheit ist zu viel für dich: Wo sollst du jetzt hingehen, und warum?

Du erinnerst dich an einen Aufkleber, den du gestern am Wegesrand gesehen hast, irgendwo an einer Ufermauer in Altona: «Es gibt 7,4 Milliarden Alternativen.» Du hast den Verdacht, dass das ermunternd gemeint sein soll, aber in deinen Ohren dröhnt es wie eine Drohung. Am liebsten wäre dir, wenn es überhaupt keine Alternativen gäbe, sondern nur eine einzige Möglichkeit, eine Hauptstraße, DEN WEG. Ein großer eiszeitlicher Findling am Wegrand, du setzt dich darauf, schlägst, wie es in der berühmten Klage «Ich saz ûf eime steine» des Minnesängers Walther von der Vogelweide heißt, *bein mit beine, satzest dar ûf den ellenbogen, smogst daz kinne und ein dîn wange in dîne hant* und starrst wie paralysiert den vorbeifahrenden Autos nach.

Nach einer halben Stunde erhebst du dich schwerfällig, gerade hoch genug, um dir mit deinem rechten Wanderschuh einen Tritt in den Hintern zu geben. Du folgst der Landstraße bis zum nächsten Ort. Du mietest dich in der erstbesten Pension ein, gehst in eine Bierschwemme am Burggraben und führst deinem Körper so lange Getränke zu, bis du nur noch aus Flüssigkeit bestehst, bis du vor Suff und Sehnsucht und Selbstmitleid zerfließt.

P.S. Der Ort dieser Selbstauflösung ist die mittelalterliche Hansestadt Stade. Aus naheliegenden Gründen wirst du dich nicht an viele Einzelheiten deines Aufenthalts in diesem sicherlich hinreißenden und an Sehenswürdigkeiten

überreichen Städtchen erinnern, eigentlich nur an zwei. Erstens: Ein gesichtsloses Gebäude am Ortsrand beherbergt nicht nur die Karrierestelle der Bundeswehr, sondern auch eine Tanzschule, eine Zahnarztpraxis und die örtliche Filiale der Mormonen. Wenn es mit der Karriere als Kampfpilot nicht klappt, kannst du dir also die Zähne richten lassen, einen F-Kurs machen und dann als Missionar bei den Heiligen Jesu Christi der Letzten Tage anheuern (zumindest wirst du diese beruflichen Überlegungen, in kaum leserlicher Handschrift notiert, in deinen Notizen wiederfinden).

Zweitens: Von 1874 bis 1885 war Carl Diercke Direktor des örtlichen Lehrerseminars, ein Gedenkrelief vor dem Eingang erinnert an den großen Pädagogen. Ja, genau: *der* Carl Diercke. Erfinder des gleichnamigen Weltatlas'. Das einzige Buch aus deiner Schulzeit, das du aufbewahrt hast, das einzige, das du noch regelmäßig konsultierst. (Streng genommen hast du sogar drei Exemplare zu Hause herumliegen: dein eigenes, das deines Bruders sowie, ältere Auflage, braunes Cover, das deines Vaters.) Beim Anblick des bärtigen Mannes aus Bronze packt dich plötzlich die Sehnsucht nach deinen Atlanten. Wenn du wieder zu Hause bist, denkst du, wirst du dich mit deinen drei Lieben in eine Ecke eures Sofas kuscheln, jedem ein Exemplar des *Diercke* in die Hand drücken und dann anhand des darin enthaltenen Kartenmaterials von deiner Wanderung erzählen. «Und hier», wirst du sagen und auf Stade deuten, «war jener Mann, dem wir dies herrliche Buch, das ihr in Händen haltet, verdanken, Direktor des Lehrerseminars. Seinem Bronzebildnis zu begegnen war für mich der Höhepunkt des vierzehnten Tages auf dem WdgW. Kaum eine andere Begegnung hat mich so gerührt, mich so mit Sehnsucht nach Zuhause erfüllt.» Und deine Frau und Kinder werden dich anschauen, als hättest du unterwegs nicht nur etliche Kilos, sondern auch den Verstand verloren.

Vorsatz beim Einschlafen

Versuche, ab morgen wieder in der Gegenwart
und du selbst zu sein.

15

Was ich am fünfzehnten Tag auf dem WdgW gelernt habe

1.
Man kann den ganzen Tag lang der Sonne entgegengehen,
ohne ihr dabei wesentlich näher zu kommen.

2.
Mittags werden die Schatten kürzer,
aber die Wanderer auf dem WdgW länger.

3.
In der Umgebung von Bargfeld gibt es keine unüberwindlichen
Zäune, keine Brombeergesträuche, keine breiten Wasserläufe
oder Brennnesselfelder.

4.
Wenn die Sonne sich verdunkelt, größer wird und schließlich den
gesamten Himmel bedeckt, nennt man sie Wolken.

5.
Dem Regen muss man nicht entgegengehen,
er kommt von selbst.

Im November 1960 verfasste der Schriftsteller Arno Schmidt einen Prosatext namens «Der Sonn' entgegen ...» In tüpisch idiosynkratischer Diktion & Orthographie gibt er darin ein abendlich-trunkenes Gespräch am Lagerfeuer zwischen drei Männern wieder, die zuerst darüber räsonieren, wie es wäre, eine Nacht lang dem Lauf des Mondes zu folgen, und dann – «Im Finstern Freund? Und in so gut wie unbekanntem Teräng?» – doch besser jenem der Sonne: «zuerst ginge man nach Osten. Dann nach Süden ausholend. (…) Dann, im Laufe des Nachmittags, Süd=West (…) und schließlich nach Westen: immer der Sonn' entgegen.»

Man ginge: Es bleibt in der Geschichte beim Konjunktiv und beim unpersönlichen *man*. Die drei Herren vom Grill versichern sich zwar immer wieder, dass man «viel mehr zu Fuß gehen» müsse, ja, dass es am einfachsten wäre, die Idee von der Sonnenwanderung praktisch durchzuführen (der Autor-Erzähler fertigt sogar eine Skizze an, auf der er die Wanderung vom heimischen Bargfeld aus theoretisch vorwegnimmt). Doch letzten Endes bleiben sie doch lieber stehen und warten darauf, dass ihre Frauen endlich mit der Abendtoilette fertig sind und, als fleischliche Verkörperungen des Tagessterns, zu ihnen ans Feuer kommen: «3 Sonnen gingen gewissermaßen auf: ‹Der Sonn' entgegen›!»

Am Morgen meines fünfzehnten Tags auf dem WdgW ist der Himmel zum ersten Mal seit langem schmerzhaft hell. Und da ich das Gefühl habe, das Gestirn in der vergangenen Woche nur sehr unzureichend in meine Überlegungen mit einbezogen, ja den § 3 Abs. 4 WdgW geradezu sträflich vernachlässigt zu haben, beschließe ich kurzerhand, mich heute an ihr sowie der Schmidt'schen Geschichte zu orientieren. Ich *orient*iere mich nach Osten. Ich gehe, so zumindest mein Vorsatz, den ganzen Tag lang der Sonne entgegen.

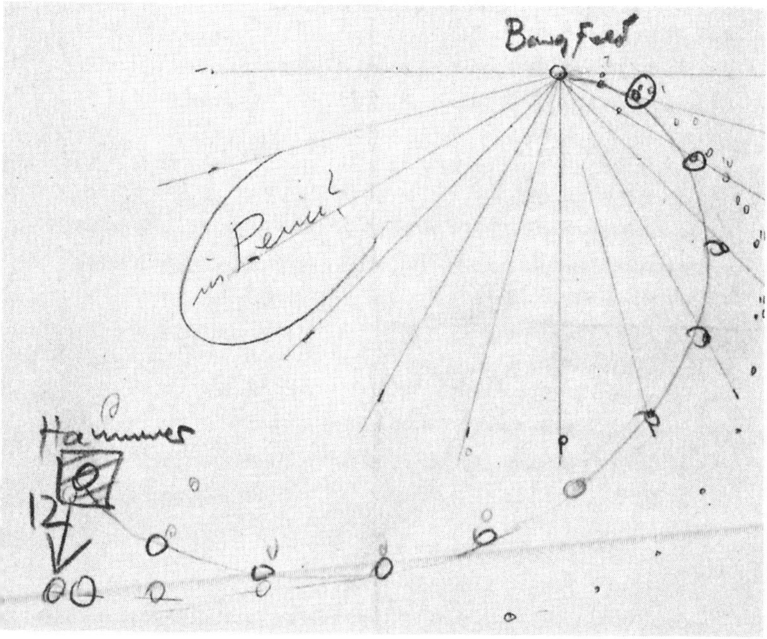

Kartenskizze von Arno Schmidt

Zunächst läuft, wie schon bei meinem Aufbruch von zu Hause vor etwas mehr als zwei Wochen, alles traumwandlerisch glatt. Ich trete aus dem Gasthof, wende mich nach rechts und folge dem Verlauf des Stader Burggrabens: zuerst auf das gleißende Vormittagslicht zu, dann geradewegs auf ein fünfstöckiges Parkhaus, das die Sonne verdeckt.

Zum Glück befindet sich, wie der Zufall es will, direkt vor meiner Nase die Einfahrt, ich passiere die Schranke, ziehe ein Ticket und gehe weiter ins Dunkle. Das typische Parkhausaroma aus Abgasen, Altöl und Reifenabrieb umgibt mich. Ich marschiere schnurstracks weiter, zwischen den Reihen parkender Fahrzeuge hindurch, und siehe:

Wundersamerweise befindet sich auf der anderen Seite des Gebäudes, direkt in meiner Ideallinie, eine Ausgangstür. Sesam, öffne dich, ich drücke die Klinke hinunter und trete zurück ins Helle.

Doch damit endet leider der einfache Teil der Etappe. «Und was Geografie und =däsie anbelangt, so sei (...) erlaubt, die lokalen Krümmungsdefekte zu vernachlässigen», schreibt Arno Schmidt im Nachwort zu seiner Geschichte, in dem er die Leser zur mathematischen Überprüfung seines Gedankenspiels auffordert, «sowie auch Hindernisse als nicht=existent angesehen zu werden brauchen.» Da hat der Schriftsteller gut reden: Wie mir klar wird, ist die praktische Durchführung seiner Idee deutlich komplizierter, da man Hindernisse durchaus als existent ansehen muss. Jenseits des Parkhauses lande ich, während ich konsequent der Laterne am Himmel hinterhertappse, auf einem mehrspurigen Gleisbett – der heliozentrische Weiterweg würde auf den Schienen verlaufen, doch da sei ein Mitarbeiter der Deutschen Bahn vor. Zu meiner Linken ein Stellwerk, ich sehe, wie sich hinter dem Fenster etwas regt, es wird geöffnet, ich ahne, was kommt.

Der Dienstaufseher lehnt sich heraus: «Wo woll'n Se denn hin?»

«Ich gehe der Sonn' entgegen», antworte ich wahrheitsgemäß.

Der Beamte nickt verständnisvoll, als hörte er die Antwort nicht zum ersten Mal, ja, als wanderten die Staderinnen und Stader andauernd der Sonne entgegen, als sei das hier eine beliebte Regionalsportart. Trotzdem muss er mir mitteilen: «Aber leider nicht hier.»

«Nein?»

«Auf den Gleisen könn'Se nicht gehen.»

Als ob ich's nicht gewusst hätte.

«Aber dahinten» – der Bahnbeamte bleibt auch angesichts eines sich provozierend blöd stellenden Wanderers bewundernswert geduldig – «neben dem Stellwerksgebäude, ja, genau», da sei ein Trampelpfad, der führe mich auf einen Weg, der parallel zu den Gleisen verlaufe, den könne ich nehmen.

Ich bedanke mich, folge dem Fingerzeig, werde fündig. Der Weg ist tatsächlich vorbildlich ausgetrampelt; vermutlich der bevorzugte Trainingspfad aller örtlichen Der-Sonne-entgegen-Geher, eine Unterabteilung des Vereins für Leibesübungen VfL Stade v. 1850 e.V.

Ich komme zügig zwischen Brombeerhecken und Schienen voran, immer in Spuckweite des Gleisbetts. Ein Regionalzug überholt mich, ausweislich seiner Anzeigetafel fährt er nach Hamburg. Nach etwa zwanzig Minuten gelange ich wieder einmal an eine dieser vertrackten Wegscheiden, die keine einfache oder gar richtige Entscheidung zulässt: Die beiden Abzweigungen verlaufen in rechtem Winkel zueinander, die Sonne steht genau dazwischen, jeweils im 45-Grad-Winkel zu den beiden Optionen. Und die Ideallinie in der Mitte ist durch übermannshohe Dornen versperrt.

Ich zögere, überlege, ob ich mich lieber links oder rechts von der Sonne halten, ihr also eher von hinten in den Rücken fallen oder ihren weiteren Verlauf nach Süden antizipieren soll ... Da kommt eine ältere Joggerin vorbei, pastellgrüne Barfußschuhe, zwei prächtige Golden Retriever im Gefolge. Sie bleibt stehen, betrachtet besorgt den Wanderer, der wie schockgefrostet in der Landschaft steht, auch die Hunde beäugen mich misstrauisch. Ob sie mir irgendwie weiterhelfen könne?

Ich deute in Richtung der Weggabelung, der Sonne. Wiederhole mein Sprüchlein: dass ich den ganzen Tag lang der …

Die Joggerin schaut mich an, als zweifle sie nun wirklich ernsthaft an meinem Verstand. «Sie wissen aber schon, dass die Sonne wandert?»

Ich nicke, vielleicht etwas zu heftig, und beteure, dass mir das sehr wohl bewusst sei, ich es aber trotzdem versuchen wolle.

«Aber», gibt die Joggerin zu bedenken, «dann laufen Sie ja im Kreis!»*

Ich widerspreche: Wenn alles so klappen würde, wie ich mir das vorstelle, würde ich vielmehr einen Halbkreis laufen (wahrscheinlich sogar etwas weniger, weil ich heute so spät aus den Federn gekommen sei). Schließlich wandere die Sonne ja nicht in einem Radius von 360 Grad einmal den gesamten Horizont entlang, sondern gehe im Westen unter. Allenfalls am Nordpol wandere man, wenn man nach dem von mir beschriebenen Prinzip verfahre, im Kreis.

«Hm.» Das leuchtet der Joggerin ein. Sie blickt zu Boden, krault nachdenklich ihre Hunde, wackelt nachdenk-

* Ein verzeihlicher Denkfehler, den auch der Ich-Erzähler in der Arno-Schmidt-Geschichte macht: «‹Wo käm' man da eigentlich hin? Wenn man immerfort ‚Der Sonn' entgegen' ginge?› *** ‹Von Morgens an? – Na, da würd's'De Abends wieder am Ausgangspunkt sein.›»

lich mit den Zehen ihrer Barfußschuhe. Schließlich empfiehlt sie mir, an der nächsten Kreuzung nicht weiter der Sonn' entgegen, sondern lieber nach Norden zu gehen: Dann komme man nach Bassenfleth, das liege direkt an der Elbe, es gebe einen Strand, einen attraktiveren Flecken würde ich weit und breit nicht finden und …

Ich wage es nicht, die Joggerin zu unterbrechen und ihr zu gestehen, dass ich genau dort, in Bassenfleth, erst gestern Nachmittag gewesen, wegen ein bisschen Gegenwind sowie § 3 Abs. 3 eines von mir selbst ersonnenen und mehr oder minder rigoros implementierten Regelkanons aber spontan ins Landesinnere abgebogen bin. Ich fürchte, die Wahrheit würde sie sofort Reißaus nehmen oder den psychiatrischen Notdienst verständigen lassen.

Ich versuche stattdessen, ihr zu erklären, dass ich mich an einer Erzählung des deutschen Schriftstellers Arno Schmidt orientiere, in der er genau diese Idee, einen Tag lang der Sonne entgegenzumarschieren, zwar ausführlich skizziert, aber eben nie zur Ausführung gebracht habe – dass ich mich nun berufen fühle, dieses Projekt zu Ende zu bringen – nicht zuletzt weil sich alle anderen Gebote, den Weg des geringsten Widerstands betreffend, als unbrauchbar erwiesen hätten – zumindest gestern – zumindest bei der aktuellen Wetterlage und der hiesigen Topographie, die …

Die Dame blickt mich freundlich, aber auch erkennbar skeptisch an und empfiehlt mir noch einmal mit Nachdruck, an der nächsten Kreuzung scharf links in Richtung Bassenfleth zu gehen.

Ich verspreche ihr, darüber nachzudenken.

(Ich lüge.)

Weiter in südwestlicher Richtung. Die Luft beginnt zu vibrieren, ist von fernem Brummen erfüllt, dunkel wie von einem Schwarm zentnerschwerer Käfer. Der Grund erhebt sich über den Baumwipfeln: Mein Weg verläuft unter einer Bundesautobahn hindurch, das Brummen wird mit jedem Schritt lauter – und verstummt. Der ruhigste Platz im Umkreis von etlichen Kilometern, stelle ich erstaunt fest, ist genau unterhalb der Autobahnbrücke, so wie die größte Stille im Auge eines Wirbelsturms herrscht. Der Anblick könnte artifizieller nicht sein, links und rechts erheben sich meterdicke Pfeiler aus Stahlbeton, zwanzig Meter über mir verdunkelt die Unterseite der Fahrbahnplatte den Himmel – aber es herrscht eine Ruhe wie im Mutterleib.

Kaum habe ich die Autobahnbrücke hinter mir gelassen, beginnt eine Botanik wie im Sauriergarten: Schachtelhalm wuchert am Wegesrand, riesiger Huflattich daneben – außerdem herrlich blühender Giersch, überall Giersch, «die blüten, die so schwebend weiß sind, keusch / wie ein tyrannentraum», wie es in einem Gedicht des Lyrikers Jan Wagner auf den Albtraum aller Gärtner heißt:

bis giersch
schier überall sprießt, im ganzen garten giersch
sich über giersch schiebt,
ihn verschlingt mit nichts als giersch.

Mein Nachbar in Berlin, seines Zeichens Kunstkoch, meint, das einzige Mittel, um der Gierschplage Herr zu werden, bestehe darin, die Pflanzen zu verspeisen: mit Ausbuddeln allein sei es nicht getan, man müsse sich den Gegner auch einverleiben. Während ich durch das Meer weißblühender Doldenblütler stapfe, frage ich mich, ob man sich dadurch, wie in einem Akt des magischen Kannibalismus, auch die Kräfte des Feindes aneignet; ob man durch den Gierschkonsum allmählich selber zum Giersch oder zumindest zum Gierschartigen wird. Gerade für einen vom Heimweh geplagten Wanderer wie mich hätte das nicht abzuweisende Vorteile – würde es doch bedeuten, dass man zugleich zuhause bleiben und sich durch unterirdische Wurzeln ausbreiten könnte. Man bliebe zuhause verwurzelt, wäre aber, dank eines rasant wuchernden rhizomatischen Gewebes, zugleich überall. Dies wäre, so stelle ich mir vor, in der Tat der Weg des allergeringsten Widerstands.

Während ich noch über die Möglichkeit des Giersch-Werdens nachsinne, sehe ich aus meinem rechten Augenwinkel, schräg hinter mir, einen türkisfarbigen Schatten. Er mag etwa zwanzig Meter entfernt sein, bewegt sich aber mit atemberaubender Geschwindigkeit auf mich zu. Ist es ein Vogel? Ist es ein Flugzeug? Nein, wenige Atemzüge später ist er schon neben mir, drosselt das Tempo: Es handelt sich um einen schlaksigen Herrn in Trainingsgarderobe, die Gesichtshaut ledrig braun gegerbt, eine Schildmütze mit dem Emblem der vorletzten Fußballweltmeisterschaft über der Stirn. Er fragt, wo ich hingehe, ich gebe meine Standardantwort, sie scheint ihn nicht zu überraschen.

«Und, wohin sind Sie unterwegs?», frage ich zurück.

«Ach», wegwerfende Handbewegung: «Ich geh' nur meine täglichen zehn Kilometer.»

«Nicht schlecht», ich stülpe anerkennend die Unterlippe

vor: Seiner Patina nach zu urteilen ist der Schildmützenmann sicherlich schon in Rente. «Sind Sie denn schon immer gern gegangen?»

«Nein», zackiges Kopfschütteln. «Erst, seitdem ich achtundsiebzig bin. Damals wurde bei mir Diabetes diagnostiziert – und mein Arzt sagt, es gibt kein besseres Mittel gegen Zucker als tägliches Gehen.»

Damals? Äh … «Wie alt sind Sie denn?»

«Einundachtzig.» Kein Stolz in der Stimme, nur eine Feststellung.

«Und … da laufen Sie jeden Tag noch zehn Kilometer?», frage ich ehrfurchtsvoll, registriere die Schmerzen in meinen eigenen, etwa halb so alten Knochen, überschlage im Geiste die Jahre, die mir als Wanderer noch bleiben.

«Laufen?» Der Alte blickt mich aus erstaunten graublauen Augen an; dann fügt er mit hanseatischem Zungenschlag hinzu: «Was ich hier mache, is'n flotteres Gehen.»

Mit knappem Gruß zieht er davon.

Ich laufe, nein, gehe weiter – unendlich langsam. Eine Weinbergschnecke überholt mich, lacht mich im Vorbeikriechen aus. Der Sonn' entgegen: Ich habe das Gefühl, dass sie mich gerade nicht nach vorne, also südwärts zieht, sondern, wie eine Pilatestrainerin bei der Rückendehnübung, mit sanfter Gewalt nach oben. Die Sonne steht über mir: Es muss bald Mittag sein. Mein Schatten wird immer kürzer, aber mein Körper, so mein subjektiver Eindruck, immer länger.

Eine Viertelstunde später sehe ich wieder den türkisfarbenen Schatten: der einundachtzigjährige Speedwalker auf dem Rückweg von seiner Runde. Zunächst grüßt er mich nur flüchtig, als hätte er mich nicht erkannt – dann hält er doch inne, trabt schnaufend auf der Stelle wie ein mühsam gezügeltes Rennpferd.

«Nun treffen wir uns schon zum zweiten Mal!»

«Ja», sage ich, will noch ergänzen: Beim dritten Mal kostet es eine Runde, aber –

«Deutschland ist eben doch ein sehr, sehr kleines Land», fährt Mr. Speedwalker fort. «Und voll! Und unsere Regierung» – er blickt sich um, als stehe das gesamte Kabinett Merkel II geschlossen um uns herum – «s'topft immer noch mehr Menschen rein.»

Ich blicke mich ebenfalls um: auf der rechten Seite die Bahntrasse, auf der alle Jubeljahre ein Zug fährt – auf der Linken unendliche Gerstenfelder. Der einzige Mensch, der mir in der vergangenen Stunde begegnet ist, steht hier vor mir. Ich halte die demographische Analyse meines rüstigen Gegenübers daher für einen Scherz, setze zu versöhnlichem Gelächter an, doch es ist ihm ernst.

«Ja, ja: Lachen Sie nur!», er hat mich mit sicherem Reptilieninstinkt als linksliberale Socke identifiziert und will mich nun schnellstmöglich von meiner Verblendung überzeugen. «Ich wünsche Ihnen nur, wenn Sie mal in meinem Alter sind – dass dann noch Geld für Ihre Rente da ist!»

Ich bin einigermaßen schockiert, dass der freundliche ältere Herr, mit dem ich eben noch ein Stück Wegs gegangen bin, sich als seniler Latenznazi entpuppt. Oder sind seine Äußerungen bloß auf Unterzuckerung oder durch zu flottes Gehen verursachten Sauerstoffmangel im Gehirn zurückzuführen? Muss ich einen Arzt rufen?

Machen Sie sich um meine Rente mal keine Sorgen, will ich erwidern: Wenn dafür kein Geld mehr da sein sollte, liegt das nicht an den Kosten für die Integration von Geflüchteten, sondern an so gierschmäßig zähen und langlebigen Biodeutschen wie Ihnen! Aber der Alte hat schon grußlos von Standtrab auf Galopp umgeschaltet und fliegt als türkisfarbiger Schatten Richtung Autobahn.

Die drei Herren in Arno Schmidts «Der Sonn' entgegen» tun im Verlauf der Erzählung, wie gesagt, kaum einen Schritt, tragen stattdessen Alkoholbehältnisse sowie allerlei Bedenken vor sich her, die eine praktische Durchführung ihres Plans zunehmend undurchführbar erscheinen lassen. «(N)atürlich müsste man vorher den Wetterbericht anhören; nur bei ‹Hoch› aufbrechen», gibt etwa Fritz, der Gastgeber der Herrenrunde und Initiator der Sonn' entgegen-Idee, zu bedenken: «Denn wenn nachher, mitten auf halbem Wege, Bewölkung einträte …?»

Hm. Damit hat er, wie ich gestehen muss, leider gar nicht so unrecht. Hinter dem Örtchen Horneburg nämlich wird die Orientierung zunehmend schwierig, da sich die Sonne zum Nachmittagsschlaf eine Cumuluswolkendecke über den Kopf gezogen hat. Alle paar Meter bleibe ich stehen, lasse den Blick über den Himmel schweifen und suche die mittelgraue Decke nach Aufhellungen ab … da: eine beinahe weiße Stelle! Könnte dahinter womöglich die Sonne …? Ich präge mir die Position ein, merke mir den Tannenwipfel, über dem der vermeintliche Abglanz des Tagessterns zu sehen war. Dann gehe ich in dieser Richtung weiter.

Das Alte Land, durch das ich mich bewege, ist wirklich sagenhaft fruchtbar: Seine überbordende Fertilität verdankt es dem süffigen Marschboden, die Gegend wurde erst zwischen dem zwölften und fünfzehnten Jahrhundert eingedeicht. Überall äppeln die Äpfel, baumeln die Birnen, es wuchern Blau-, Him- und Johannisbeeren, ich sehe und rieche Felder voll Dill, übermannshoch sprießt der Mais – aber als latent miesepetriger Literaturwissenschaftler kann ich mich an der biologischen Protzerei nicht ungebrochen freuen. Ich muss nämlich dauernd an das Schmähgedicht «Frühling» der amerikanischen Lyrikerin Edna St. Vincent Millay denken – ihre große Jeremiade gegen die Natur und ihre widerwärtige Vermehrungsfreudigkeit:

Die Erde hat guten Geruch;
Ganz augenscheinlich gibt es keinen Tod.
Aber was besagt das denn?
Nicht unterirdisch allein wird des Menschen Hirn
Fressen der Würmer.
Leben an sich
Ist garnichts,
Ein leeres Glas, die Stiegen ein Hinterhaus hoch –

Genau, denke ich: Die ganzen Obstbäume und -sträucher sind nur ein Ablenkungsmanöver. Wenn man durch ihre schnurgeraden, vor Fertilität berstenden Reihen schreitet, könnte man denken, dass man sich im Garten Eden befindet (in einem sehr deutschen, sehr ordentlichen, superorganisierten Garten Eden ohne Schlangen oder Schädlingsbefall, wohlgemerkt). Doch all die auf Hochglanz polierten Äpfel können nicht darüber hinwegtäuschen, dass diese Welt für die Verwesung bestimmt ist. Die Äpfel und Birnen mögen frei von Krankheiten sein – doch kein

verlaufen

Pestizid wird dereinst die Maden und Würmer vom Verzehr unserer Gehirne abhalten. Der Dill mag noch so verführerisch duften, er übertüncht doch nur den Gestank des Todes, der Verdauung, des Verfalls, dem all dies anheimgegeben ist. Und als wollte mich die Natur in meinen Gedanken bestärken, senken sich die Wolken immer tiefer, werden dunkler, als wollten sie die Erde ersticken.

Das letzte Mal sehe ich an diesem Tag die Sonne, als ich den Ortsrand des Fleckens Harsefeld erreiche. Wie eine Blendgranate bricht sie durch die grauwattierte Decke und explodiert unmittelbar über dem gotischen Kirchturm, der sich vor mir erhebt. Der offizielle Sonnenuntergang dürfte zwar erst in ein paar Stunden sein – aber ich beschließe, die Konstellation als Omen zu lesen, dass ich hier heute Nacht bleiben soll. Und tatsächlich: Kaum habe ich die zum Turm gehörige Kirche erreicht, beginnt es zu regnen.

Als ich im Gasthof neben der Kirche Zuflucht suche, ruft die Dame hinterm Tresen: «Ah, ein Pilger!»

Ich widerspreche höflich, aber bestimmt: Nein, nein und nochmals nein, ich sei ganz gewiss kein Pilger, nur ein einfacher, ganz & gar säkularer Wandersmann, doch das

lässt sie nicht gelten. «Sobald man sein Haus verlässt und sich zu Fuß auf den Weg macht», belehrt sie mich, «ist man ein Pilger.»

Ich bin zu erschöpft und durchnässt, um weitere Widerworte zu leisten, nicke nur schwach. Und als ich am nächsten Morgen aus dem Haus trete und am ersten Laternenpfahl, am Rande des ehemaligen Klostergartens von Harsefeld, schon wieder das vermaledeite Jakobsmuschelsymbol erblicke, gebe ich mich vollends geschlagen. Nun gut, denke ich: Folge ich eben dem Jakobsweg. Bin ich ab heute ein Pilger.

15 1/2

Ein Traum: Mein Wanderfreund Friedemann lädt mich zu einer gemeinsamen Bergtour ein, eine ganz einfache Tour, meint er, familientauglich. Ich willige ein, obwohl das Erklimmen jeglicher Höhen doch gemäß § 3 Abs. 2 WdgW strengstens verboten ist. Der Berg, so stellt sich heraus, ist ein etwa fußballfeldgroßes, baum- und strauchloses Plateau, das sich wenige Meter über einer unendlichen, ebenfalls baum- und strauchlosen Ebene erhebt. Als wäre es aus der umgebenden Landschaft herausgestanzt und um ein Stückchen nach oben versetzt worden. Der Rand des Plateaus besteht aus schwarzem, aalglattem Granit – und so sehr ich mich auch bemühe, es will mir einfach nicht gelingen, einen Durchstieg zu finden. Die Felswände sind nicht hoch, nur wenig größer als ich selbst, doch sobald ich mich an einem Griff hochzuziehen versuche, klafft unter meinen Füßen ein Abgrund. Soll ich es weiter versuchen und dabei abstürzen? Soll ich mir mein Scheitern eingestehen und am Boden bleiben? Ich entscheide mich für die dritte Option und wache schweißgebadet auf.

Die Deutung, frei nach Bertolt Brecht: Die Mühen der Ebenen liegen hinter mir. / Vor mir liegen die Mühen der Ebenen.

Eine Sorge: Tagsüber gehe ich, beim Gehen denke ich über das Gehen nach, wenn ich pausiere, mache ich mir Notizen über das Gehen, abends lese ich in Büchern über das Gehen, und nun habe ich auch noch angefangen, vom Gehen zu träumen. Kann es sein, dass mein Leben gerade gefährlich monothematisch verläuft?

Dies unterscheidet das Wandern, nebenbei bemerkt, von anderen körperlichen Tätigkeiten wie Skilaufen oder Fußballspielen. Wenn man bei der Abfahrt oder beim Torschuss allzu genau darüber nachdenkt, was man gerade macht, wird man unweigerlich stürzen oder den Ball verlieren: Man überlässt die Kontrolle besser dem Körper, den Muskeln, den antrainierten Reflexen. Beim Wandern hingegen kann man sehr wohl und sehr ausführlich über das Wandern nachdenken, Wanderlieder dichten, Limericks über Orte, an denen man sich befindet. Das Wandern ist eine extrem selbstreferentielle Tätigkeit. Eine, die zu kognitiven Endlosschleifen verführt.

16

Drei mögliche Buchanfänge, die ich am sechzehnten Tag auf dem WdgW geschrieben und sofort wieder verworfen habe

~~1. Im Sommer 2017 hatte ich alles erreicht, was man als Berliner Bergsteiger erreichen kann. Ich hatte im Alleingang die Prenzlauer-Berg-Südwand durchstiegen. Ich hatte ohne künstlichen Sauerstoff und Zigaretten den Kreuzberg erklommen, war über den gefürchteten Tauentzien-Grat auf den Schöneberg geklettert und bei leichtem Nieselregen mit dem Fahrrad durch Lichtenberg gefahren. Kurzum: Ich brauchte eine neue Herausforderung! Eine Wanderung, die alles in den Schatten stellen würde, das ich …~~

~~2. Im Sommer 2017 befand ich mich in einer tiefen persönlichen Krise. Meine Tochter schlug mich jeden Abend, zumindest beim Memory. Mein zweijähriger Sohn hatte mir eröffnet, dass er meine Frau, seine Mutter, heiraten werde und ich daher ausziehen müsse. («Papa doof! Geh weg!») Meine Frau wiederum hatte mir unlängst gestanden, dass sie mit dem Gedanken spiele, mich zu verlassen und ihre Arbeit zu heiraten. («Weißt du, sie ist einfach immer für mich da.») Kurzum: Ich brauchte dringend eine Auszeit. Ich musste weg, einen klaren Kopf bekommen und …~~

3. Im Sommer 2017 war meine schriftstellerische Karriere am Ende. Von meinem letzten Buch waren nur drei Exemplare verkauft worden, und die einzige Besprechung war die eines mir unbekannten Amazon-Kunden («Pünktliche Lieferung wie gewohnt, aber Verpackung leicht beschädigt, daher 1 Punkt Abzug ****.«) Da hatte mein Verleger eine rettende Idee.
«Du musst ein Reisebuch schreiben. Reisebücher gehen immer.»
«Aber: Bei den Vorschüssen, die du zahlst, komm ich doch höchstens bis Harsefeld. Einfache Fahrt. Falls die Bahn gerade ein Supersparpreisangebot hat.»
«Du könntest auch ein Schiff nehmen. Seereisen gehen immer. Du könntest dir ein paar Gefährten suchen und dich zu einer jahrelangen, gefahrvollen Odyssee aufmachen, bei der du zahlreiche Abenteuer ...»
«Ich fürchte, das Buch gibt es bereits.»
«Dann vielleicht eine Städtereise? Städtereisen gehen immer. Flieg mit irgendeinem Billigheimer nach Irland, lass dich vierundzwanzig Stunden lang durch Dublin treiben und ...»
«Ich glaube, das ist ebenfalls schon ...»
«Mein Gott, du bist aber echt heikel! Apropos Gott: Du könntest auch pilgern. Pilgerreisen gehen immer. Sagen wir, nach Santiago de Compostela. Ich hab schon eine Idee für den Titel, irgendwas mit Weg: «Der Weg ist das Ziel» oder «Das Ziel ist im Weg» oder «Weg gegangen, Platz gefangen» oder «Ich bin dann mal der Weg, die Wahrheit und das Licht» oder ...

Die Wirtin des Gasthofs, in dem ich Zuflucht vor dem Regen gesucht habe – dieselbe, die mich gestern Abend bereits in den Pilgerstand erhoben hat – vertraut mir zum

Abschied eine örtliche Bauernregel an. Wenn es bis um zehn Uhr nicht aufgehört habe zu regnen, dann höre es den ganzen Tag nicht mehr auf. Ich schaue auf die Uhr: Es ist genau zehn. Ich schaue nach draußen: Es regnet.

Die Regel wird zutreffen.

Als frischgebackener Pilger gehe ich als Erstes zur Kirche St. Marien und Bartholomäi, dem einzigen nennenswerten Überrest eines Benediktinerklosters, das sich einst in Harsefeld befand, aber Mitte des sechzehnten Jahrhunderts von Ritter Joachim Pentz aus Mecklenburg fast vollständig zerstört wurde: Der notorisch verschwenderische Erzbischof von Bremen hatte Schulden bei dem Ritter, woraufhin sich dieser an den Klöstern des Bischofs schadlos hielt; das aktuelle Kirchengebäude ist ein neogotischer Neubau aus dem neunzehnten Jahrhundert.

Der Name Harsefeld, so lerne ich weiter, ist von dem altsächsischen Wort *horsa*, «Pferd», abgeleitet. Der Gründungslegende zufolge ließen die ersten Siedler in dieser Gegend einen erblindeten Klepper so lange – im wahrsten Sinne des Wortes *blindlings* – umherlaufen, bis er hier, an den fruchtbaren Ufern des Flüsschens Aue, stehen blieb und zu grasen begann: Ihm zu Ehren erhielt die Ansiedlung den Namen *horsafeld*, Feld der Pferde. Das stochastische Prinzip, das die hiesigen Siedler vor über tausend Jahren zur Orientierung benutzten, erinnert mich (wie so vieles) an meine eigene Vorgehensweise: Vielleicht sollte ich bei meiner nächsten Wanderung nicht nur die Karte zu Hause lassen, sondern mir gleich die Augen verbinden, damit ich mich noch besser auf Geländeneigung, Windrichtung und Bodenbeschaffenheit konzentrieren kann?

Die Bank der Erleuchtung

Im Innern des heilig-nüchternen, sich himmelwärts reckenden Kirchenraums umfängt mich eine Stille und Klarheit, die selbst einen gottlosen Pilger wie mich unfehlbar die Wollmütze abnehmen und die bestiefelten Füße leiser setzen lässt. In einer unvermittelten Anwandlung von Religiosität stelle ich den Rucksack ab, schleiche in eine Seitenkapelle zur Rechten des Chores, werfe Geld in die bereitgestellte Kollektekiste und stelle drei Votivkerzen auf: eine für meine Frau, eine für meine Tochter, eine für meinen Sohn.

Kaum habe ich die letzte Kerze angezündet, als mein Blick auf die neben dem feuerfesten Sandbecken aufgeschlagene Heilige Schrift fällt. Als ich die Bibelstelle des Tages erblicke, stockt mir das Herz: Sie stammt ausgerechnet aus jenem Buch des Alten Testaments, das den Namen unseres Sohnes trägt.

Und als die Tage um waren, ward Hanna
schwanger, und sie gebar einen Sohn
und nannte ihn Samuel; denn, so spr ch sie,
ich hab ihn on dem HERRN erbet n.
Un als er M nn Elka a hi auf og mit sei em
ga zen ause, um d m H R N das jä rl che pfer zu
opf rn und as er g lobt hatt, zog Han a nic t mit
hi auf, s n e n spr ch zu i rem ann: W nn er Kna e
ntwö nt ist, will ch ihn b ngen, as er v r dem
H R N er he ne und e be d rt für i me

Ich kann nicht weiterlesen, kaum die Wörter entziffern; mir tritt, wie man so sagt, das Pipi in die Augen. Nicht wegen der archaisch-schlichten Schönheit der Luther'schen Prosa, die mich immer wieder erwischt, sondern weil ich meine Kinder, vor allem den Kleinen, so schrecklich vermisse. Hätte ich ihn nicht einfach in die Rückenkiepe packen und mitnehmen können? Warum tue ich mir diese Wanderung nur an?

Zurück am Ausgang fragt mich die diensthabende Gemeindemitarbeiterin, ob ich einen Stempel für mein Pilgerbuch wolle. «Mein was?» Ich muss gestehen, dass ich keins habe – ja, dass mir ehrlich gesagt nicht einmal bewusst war, dass es so etwas wie ein Pilgerbuch überhaupt gibt. (Funktioniert das so ähnlich wie eine Bonuskarte? Gibt es bei zehn Stempeln eine Ermäßigung beim Eintritt ins Himmelreich?) Die Gemeindemitarbeiterin schaut mich ungläubig an, drückt mir netterweise trotzdem den blauen Stempel in meine Schreibkladde. Die Figur eines Wandermönchs in Trekkingsandalen, er hebt die rechte Hand zum Gruß, Gepäck hat er nicht dabei, wozu auch,

sehet die Vögel, sie säen nicht, sie ernten nicht, und unser himmlischer Vater usw.

«Kommen denn viele Jakobspilger hier vorbei?»

«Hm ...» Die Kirchenhüterin muss scharf nachdenken: «Also, seitdem ich hier arbeite – ungefähr zwei.»

Oha. Vermutlich ist den meisten die Strecke bis Santiago de Compostela dann doch zu weit. Dabei wurde Santiago gerade deshalb im neunten Jahrhundert zum Wallfahrtsort erhoben, weil es für den europäischen Durchschnittspilger leichter zu erreichen war als Jerusalem. «Und wie geht der Weg von hier aus weiter?»

«Hm ...» Neuerliches Nachdenken. «Keine Ahnung.»

Kein Problem. Wenn Gottvater, der Heilige Geist, das Schicksal oder wer auch immer mich wie ein blindes Pferd bis hierher geführt hat – dann wird ER mich ja wohl auch jetzt, da ich beschlossen habe, auf dem Jakobsweg zu wandeln, nicht im Stich lassen. Zumal ich endlich weiß, wie die Pilgerwegsschilder aussehen und argusmäßig die Augen nach ihnen offen halten werde.

Das geht eine geschätzte Viertelstunde lang auch prima. Ich hangle mich von Muschel zu Muschel, die knallgelben Rippen auf knallblauem Grund sind kaum zu übersehen. Doch dann …

Ich gehe durch das liebliche Auetal, das streckenweise tatsächlich so enorme Ähnlichkeiten mit dem Tolkien'schen Auenland aufweist, dass ich nicht überrascht wäre, wenn plötzlich zwei MDMA-äugige Hobbitse hinter dem nächsten Hollerbusch hervorgesprungen kämen: nichts.

Ich achte auf jeden Baum, jeden Pfahl, jeden Poller und Pömpel, lese jeden Wegweiser: keine stilisierte Muschel, kein wie auch immer gearteter Hinweis auf den Pilgerweg. Nichts

Ich bleibe an einer scharfen Linksbiegung der Aue stehen, starre in den blubbernden Fluss und zugleich der Wahrheit ins Auge: Irgendwo, vermutlich am Ortsende von Harsefeld, muss ich eine falsche Abzweigung genommen haben.* Ironie des Schicksals oder ein besonders übler Scherz Gottes? Seit einer geschlagenen Woche stoße ich, ohne ihn je gesucht zu haben, andauernd auf den Jakobsweg – aber kaum habe ich beschlossen, mich ihm anzuvertrauen, verliere ich seine Spur.

Stehen bleiben? Umkehren? Kommt nicht in Frage – zumal mich wieder ein Geschwader Pferdebremsen bedrängt, als wären's Gewissensbisse. In Ermangelung spiritueller Führung, und da auch Wind und Sonne keinen

* Später, nach dem Ende meiner Wanderung, werde ich auf der Landkarte feststellen, dass der richtige Weg weiter südlich verlaufen wäre: über Orte mit so zauberischen Namen wie Heeslingen, Zeven und Ottersberg nach Bremen.

orbert

Anhaltspunkt bieten, konzentriere ich mich ganz auf den Boden, richte mein Augenmerk auf die Erde: Ich gehe den Weg der geschmeidigsten Oberfläche.

Dabei bemerke ich – je länger ich gehe, je mehr –, dass ich mich geirrt habe. Die Gehbewegung beginnt nicht etwa, wie ich vor einer Woche behauptet habe, an der Hüfte und setzt sich dann durch ein Heben des Oberschenkels sowie des daran hängenden Unterschenkels und Fußes fort – nein, sie beginnt vielmehr auf dem Boden. Mit dem Abrollen der Ferse über die Erde. Mit dem leichten Stoß, den Ballen und Zehen dem Körper versetzen, fort von der Scholle, der Schwerkraft. Sie setzt sich fort mit einem Emporschnellen des Unterschenkels, der wiederum das Knie nach oben befördert, das seinerseits den Oberschenkel mitreißt. Der arme, dicke Schenkel kann gar nicht anders, als sich der Bewegung der anderen, zierlicheren Beinteile anzuschließen, wie ein beleibter Schüler, der widerwillig mit auf den Sportplatz kommt, aber nur, weil seine Freunde auch dorthin gehen und er nicht allein bleiben möchte ... Anders gesagt: Das Gehen ist eine Tätigkeit, die der Erde entspringt, und an der der Wanderer selbst nur sehr flüchtigen Anteil hat. «Jeder Schritt ist ein Eingeständnis der Schwerkraft», schreibt Frédéric Gros, «jeder Schritt kündet von der Bindung an die Erde und bekräftigt, dass die Erde dereinst mit Gewissheit das endgültige Grab sein wird.» Ähnliches verkündeten mir ja schon gestern, *vanitas vanitatum*, die barocken Äpfel, Birnen und Dillbüschel.

Auf meinem Weiterweg passiere ich Brest – das wider Erwarten keine pulsierende bretonische Hafenmetropole ist, sondern ein unscheinbares 800-Seelen-Dorf in der Samtgemeinde Harsefeld – sowie eine Bushaltestelle namens Norbert.* In der Nähe des Dörfchens Farven erregt ein Hinweisschild meine Aufmerksamkeit: *Nachwachsende Steine 2 km*. Vor Jahren schrieb ich eine krause kleine Geschichte, in der ein durchgeknallter Geologe «Steinsamen» auf seinen Feldern ausbringen lässt, um daraus Felsbro-

* So viel zu der am dritten Tag formulierten Frage: Was macht eigentlich der Norbert?

cken zu züchten und so die Gesteinsversorgung für kommende Generationen sicherzustellen.* Ich hielt das für eine groteske Parabel über fehlgeleiteten Forscherdrang und den Verschleiß akademischer Nachwuchskräfte – sollte meine Fiktion näher an der Realität gewesen sein als gedacht?

* «Von dem Bergbaubeamten Wassili Ewgrafowitsch Samarskij-Bychowez wird erzählt, dass er Gesteinsproben nicht wie andere Geologen mit dem Hammer zerkleinerte, sondern zu diesem Zweck stets einen Dreschflegel verwendete, den er, wenn er ausnahmsweise seine warme Amtsstube verließ und ins Feld ging, als einziges geologisches Werkzeug bei sich trug. Hatte er eine ihm hinreichend erscheinende Menge an Gesteinsproben gesammelt, ließ er sie auf hartem Untergrund auslegen und hieb dann so lange mit dem eisenummantelten Flegel auf sie ein, bis die Brocken inklusive aller in ihnen enthaltenen Mineralien zu Splittern und Staub zerschlagen waren. Diese Überreste – oder ‹Steinsamen›, wie Samarskij-Bychowez sie nannte – ließ er anschließend auf einem nahegelegenen Acker aussäen. Die Steinvorräte der Erde, pflegte er zu sagen, gingen langsam, aber sicher zur Neige, und nur durch sorgsame Zucht und Pflege sei die Gesteinsversorgung der Menschheit auch für kommende Generationen gewährleistet. Jedes Frühjahr, so wird erzählt, stattete Samarskij-Bychowez seinen weit über den südlichen Ural verstreuten Versuchsäckern einen Besuch ab und registrierte jeden frisch aufgepflügten Feldstein mit einem anerkennenden Pfiff und einer Notiz in einem Zuchtbuch. Einmal soll er die Steine sogar geerntet, gemahlen und nach einem von ihm selbst erdachten Spezialrezept zu Brot verarbeitet haben. Angeblich nötigte er anschließend zwei ihm untergebene Bergleute, die unvorsichtig genug gewesen waren, während seines Experiments die Backstube zu betreten, davon zu kosten. Doch der eine lehnte dankend ab, und der andere stürzte, als er nach vollzogener Kostprobe seinen Durst löschen wollte, in den nächstgelegenen Brunnen und konnte daher nicht von den Qualitäten des Steinbrots berichten.»

Neugierig geworden folge ich dem Hinweisschild, erst waldeinwärts, dann über Felder und Wiesen. Wegen der bereits erwähnten Fruchtbarkeit des Alten Landes stelle ich mir maßlos wuchernde Steinsträucher vor, die geil aus dem Boden sprießen, die ihre Saat verschleudern wie Springkraut, die …

Die Wahrheit ist, leider, profaner. Die von den Feldern aufgesammelten, teils heurollengroßen Granitbrocken liegen zwar am Wegesrand zu einem stattlichen Lesesteinhaufen aufgeschichtet, doch sind sie nicht hier «gewachsen», sondern, wie alle Findlinge in der Gegend, während der letzten Eiszeit vom Gletschereis aus Nordeuropa importiert worden. Der Eindruck, dass sie nachwachsen, verdankt sich einem Prozess, den Geologen als Auffrieren bezeichnen. Die tiefer im Boden befindlichen Steine werden durch wiederkehrende Frost- und Tauperioden allmählich in Richtung Erdoberfläche geschoben: Sei es, weil sich unter den Steinen sogenannte Eislinsen bilden und die Brocken nach oben drücken, sei es, weil die Steine bei Frost in oberen Erdschichten festfrieren und der umliegende Boden sich absenkt. Die Ursachen sind umstritten, sicher ist jedenfalls, dass in Gegenden mit frostanfälligen Böden die Äcker alljährlich im Frühjahr von Steinen befreit werden müssen. Kein Wunder, dass die Menschen diese früher für eine Frucht der Erde hielten. Ich lasse die Nachwachsenden Steine hinter mir, nehme aber immerhin einen Ohrwurm mit, der mich für den Rest des Tages begleiten wird: «Like a Rolling Stone», diesmal in der Coverversion von – wenn schon, denn schon – den Rolling Stones.

How does it feel?
To be on your own
With no direction home
A complete unknown
Like a rolling …

Ein paar Stunden später erreiche ich auf zunehmend unbehaglichem Untergrund (vulgo: Straße) die Stadt Bremervörde, von der der Malerpoet Wilhelm Busch einmal gedichtet haben soll: «Schön ist's auf der ganzen Erde, am schönsten doch in Bremervörde.» Der Künstler weilte 1878 in der Stadt, um im örtlichen Standesamt die Hochzeit seines Bruders zu bezeugen. Das Personenstandsregister mit der Unterschrift des Meisters ist erhalten, nicht aber der Busch zugeschriebene Gästebucheintrag mit dem Bremervördelob – was die Stadtväter und -mütter aber nicht davon abgehalten hat, den Zweizeiler auf eine zehn Meter hohe Stahlstele im Stadtzentrum lasern zu lassen und allenthalben mit Buschs Name und Konterfei zu werben.

Ich blicke mich um: Entweder hatte der Großkomiker einen besonders spitzzüngigen Tag, als er diesen Sinnspruch formulierte – oder aber Bremervörde hat sich seit Buschs Zeiten doch erheblich gewandelt. Zumindest gab es sicher noch nicht die abgrundscheußliche verklinkerte Mall im Stadtzentrum, die allen Ernstes auf den Namen «Coma Outlet» hört: Einkaufen, bis der Narkosearzt kommt. Auch die *faux*-französische Bäckerei «City Croque» dürfte neu sein, sie wiederum wirbt mit dem Reimslogan: «Bock auf Croque?» Ich spüre eine leichte Erschütterung, der Asphalt unter meinen Füßen wa-

ckelt … ein Erdbeben? Nein: Nur Wilhelm Busch, der sich im Grab herumgedreht hat.

Immerhin, das Jugendhotel, zu dem mir eine Dame von der Touristeninformation den Weg weist, ist trocken, sauber und warm. Ich bekomme ein Zimmer mit Friedhofsblick, die Nachbarn sind ausnehmend ruhig. Als ich mich hinlege, dauert es ungefähr so lang, wie ein Findling braucht, um von einem Schemel zu rollen, dann schlafe auch ich wie ein Toter.

Wie ein Komapatient.

Nein: wie ein Stein.

16 ½

Ein Traum: Ich befinde mich in einer Stadt, sie liegt auf einer winzigen Insel – zumindest ist sie, wie die Altstadt von Stade, auf allen Seiten von einem Wassergraben umgeben. Entlang des Grabens führt ein bequemer Uferweg. Ich folge ihm, immer weiter, und gehe folgerichtig andauernd im Kreis. Irgendwann beschließe ich, dass es so nicht mehr weitergeht: Ich muss aus der Tretmühle ausbrechen. Ich ziehe mich aus, schichte meine Kleider fein säuberlich zu einem Haufen, beschließe davonzuschwimmen. Ich lasse mich ins Wasser gleiten, es ist angenehm warm, so warm wie die Havel am Kuhhorn. Doch bin ich noch keine hundert Meter weit gekommen, als mir einfällt, dass nicht nur meine Kleider, sondern auch meine Kinder am Ufer auf mich warten. Außerdem wird mir schmerzhaft bewusst: Auch der Weg durch den Wassergraben führt mich nirgendwohin, sondern unweigerlich immerfort im Kreis.

Die Deutung: § 8 Abs. 2 WdgW

17

Wenn mir beim Rasten ein Stück Brot oder Schokolade auf den Boden fällt, muss ich es gemäß altem Aberglauben innerhalb von siebzehn Sekunden aufgehoben haben, sonst ist es zu schmutzig, um es zu essen. Siebzehn Jahre lang war der Pilgermönch Xuanzang unterwegs, um die heiligen Schriften des Buddhismus nach China zu bringen. Die Anzahl der Regeln für den WdgW, inklusive der als Amendments bezeichneten Verfassungszusätze, beträgt siebzehn. Und nicht zuletzt schreiben wir das Jahr 2017. Die Siebzehn scheint mir eine gute Zahl zu sein. Am siebzehnten Tag auf dem WdgW mache ich mich auf den Weg nach Hause.

Das ist zumindest der Plan. Als ich morgens in meinem Zimmer mit Friedhofsblick erwache, zum siebzehnten Mal meine wieder nur notdürftig getrockneten Klamotten in den Rucksack stopfe, in der Deckelklappe nach einem Aufschreibesystem fahnde, die Kladde aus ihrer wasserdichten Hülle wickle und meinen Traum notiere, wird mir schlagartig klar, dass ich sofort zurück nach Berlin fahren muss. «Du sollst dreimal sieben Tage unterwegs sein», besagt zwar klipp und klar § 8 meiner Zehn Gebote – aber der zweite Teil des Satzes lautet auch: «oder so lange, bis die Sehnsucht nach deinen Lieben dich überwältigt.» Nun ist es so weit, denke ich: Wenn ich beim Anblick einer

Bibelstelle in Tränen ausbreche. Wenn mein Unbewusstes durch meine Träume so überdeutlich zu mir spricht, dass man nicht mehr von einem Wink mit dem Zaunpfahl sprechen kann, sondern eher von einem Wink mit dem Freileitungsmasten Elbekreuzung 1. Wenn also alle seelischen Signale nach Berlin weisen: Dann ist es an der Zeit, die Teleskopstöcke zusammenzuschieben und die Wanderung zu beenden. Den Wegweiser zum Bahnhof habe ich schon gestern, auf meiner Suche nach einer Unterkunft, gesehen. Als ich mein Zimmer verlasse und den Toten nebenan Lebewohl sage, bin ich wild entschlossen, den nächstbesten Zug Richtung Osten zu nehmen.

Aber. Just als ich auf die Straße trete, blinzelt verführerisch die Sonne, diese treulose Tomate, die «gelbe Sau» (Peter Licht), hinter ihrer Decke hervor – und schon erscheint es mir undenkbar, mich in ein Zugabteil zu setzen und durch die Gegend kutschieren zu lassen. Ja, es kommt mir so vor, als könnte ich erst jetzt, da ich mich entschieden habe, den WdgW zu verlassen, wahrhaft befreit ausschreiten. Es gibt keine Widerstände mehr, die mich einengen – nicht einmal die Verpflichtung, stets den Weg des geringsten Widerstands zu gehen. Um zum Bahnhof von Bremervörde zu gelangen, müsste ich rechts gehen. Ich wende mich entschlossen nach links.

Nach etwa fünf Minuten erreiche ich ein umfangreiches Gewässer, den Vörder See. Ich wende mich, wie vor einer guten Woche in Dannenberg, intuitiv nach links, beginne den See im Uhrzeigersinn zu umrunden, so, wie's uns in der nördlichen Hemisphäre die Sonne mit ihrem Lauf täglich vormacht.* Mir fällt auf, dass ich dieselbe zirkuläre Bewegung vollziehe wie wenige Stunden zuvor in der REM-Phase – allerdings mit einem entscheidenden Unterschied: Wo in meinem Traum eine von Wasser umgebene Insel war, befindet sich jetzt der See – wo der Wassergraben war, ist ein Uferweg. Anders gesagt: Ich kann meine Schritte, anders als im Traum, in fast jede beliebige Richtig lenken und ausbrechen.

Nachdem ich den Vörder See etwa zur Hälfte umrundet habe, treffe ich auf das Flüsschen Oste: Es fließt, durch ein

* Athleten im Stadion, Rennhunde, Pferde usw. laufen stets gegen den Uhrzeigersinn – aber das hat mit dem Ursprung solcher Wettrennen in der römischen Antike zu tun, mit der Tatsache, dass die Wagenlenker ihre Peitsche meist mit der rechten Hand führten und ihre Pferde daher tendenziell nach links trieben. Den Wanderer auf Schusters Rappen braucht das nicht zu interessieren.

Unter dem Pflaster der Strand

schmales Wiesenstück und einen Deich vom See getrennt, auf einem guten Kilometer Länge parallel zum Ufer und, so weit ich das überblicken kann, nach Nordnordosten. Ich schließe daraus messerscharf, dass es mich über kurz oder lang zur Nordsee führen würde, und registriere einen dumpfen, aber deutlichen Impuls, seinem Verlauf zu folgen (§ 3 Abs. 2 WdgW). Allerdings weht ein kräftiger Wind aus Nordwest und treibt mich in Richtung Südosten (§ 3 Abs. 3 WdgW). Die Sonne wiederum scheint mir aufs Freundlichste aus Südsüdwesten ins Gesicht (§ 3 Abs. 4 WdgW). So viele Absätze, so viele Optionen.

Wie lautete doch das Bonmot auf der Quaimauer in Altona? «Es gibt 7,4 Milliarden Alternativen.» Ich entscheide mich für eine, die ich in den vergangenen zweieinhalb Wochen stiefmütterlich behandelt, ja konsequent verdrängt habe: Der Weg des geringsten Widerstands, so beschließe ich, führt überhaupt nirgendwohin. Er ist von keinen Vektoren abhängig und keine einzuschlagende Route. Der Weg des geringsten Widerstands kann auch ein Ort sein, eine Fläche von knapp zwei Quadratmetern, schulterbreit, 1 Meter 88 Länge: genau hier.

Der Boden ist weich, Wildgras und Weißklee – gut zum Gehen, besser noch zum Liegen. Ich lasse den Rucksack fallen, rolle ein letztes Mal meine Isomatte aus, lege mich in die Sonne, grabble in meinem Rucksack herum, finde, was ich gesucht habe, esse mit geschlossenen Augen Schokolade. Die Intensität der Sonnenstrahlung ist perfekt auf den Luftkühlfaktor des Windes abgestimmt. Es ist mutterleibwarm, menschenleer, still, nur die Zitterpappeln am Seeufer rauschen sprühregenfein wie ein Wasserfall. Hin und wieder höre ich von Ferne das Tuten eines Zuges: Es erinnert mich daran, dass ich jederzeit wegfahren könnte, wenn ich wollte … aber ich will nicht. Noch nicht. Ich will überhaupt nichts, außer hier in der Sonne zu liegen.

Nicht gehen.

Nicht denken.

Nicht schreiben.

Nicht

Willkommen zurück in der Beschleunigungsgesellschaft: Die Strecke, für die ich zu Fuß zweieinhalb Wochen gebraucht habe, schafft der Zug in drei Stunden sechsundfünfzig Minuten. Als ich am späten Nachmittag in Berlin ankomme, regnet es wie bei meinem Abmarsch Hunde und Katzen, das Tiefdruckgebiet Bernhard fläzt sich über Europa – nur im Nordwesten Deutschlands, wo ich

herkomme, war es heute freundlich. Am Alexanderplatz müsste ich in die Straßenbahnlinie M2 umsteigen, die mich direkt vor meine Haustür expedieren würde – ich bleibe stattdessen sitzen, fahre weiter bis zur Jannowitzbrücke, zum Holzmarkt. Ich will noch einmal zu dem Fotoautomaten, in dem ich am ersten Tag meiner Wanderung biwakiert habe.

Als ich ankomme, steht vor der Metallschachtel ein Pärchen: er bärtig, zwei Meter groß, Mumpsgesicht, sie zierlich und schön, wie einem flämischen Barockgemälde entsprungen. Touristen, nehme ich an, die beiden stehen Hand in Hand vor der Fotohütte und warten darauf, dass ihre Erinnerung an eine durchfeierte Nacht in Berlin aus dem Ausgabeschacht kommt. Der Automat rumpelt und brummt wie die Eismaschine in einem billigen amerikanischen Motel, aber nichts passiert, keine Eiswürfel, kein Foto.

Am Ende

«Hier steht: Ausgabe in zweieinhalb Minuten», sagt der Zweimetermann mit niederländischem Zungenschlag, deutet auf ein Schild neben dem Schacht.

«Zweieinhalb Berliner Minuten», sage ich.

Er grinst. «Also zehn.»

«Mindestens.»

Wir stehen weiter im Regen, warten.

«Und. Woher kommst du?», fragt die Barockschöne nach einer Weile.

«Aus Berlin», sage ich und nicke, als müsste ich mich selbst vom Wahrheitsgehalt dieser Aussage überzeugen.

«Ah.» Ihr Blick schweift über meine Stiefel, die nasse Regenkleidung, meinen Rucksack mit den Wanderstöcken, der Isomatte und den Jesus-Latschen daran. «Aber du siehst aus, als ob du unterwegs wärst.»

«Bin ich auch», sage ich. «Ich bin unterwegs nach Hause.»

Danke

Meinem Vater für die Wanderlust
Tobias Goldfarb für Zelt und Lektüre
Böller & Brot für pflanzenkundliche Beratung
Annett Gröschner, Jan Böttcher und Martin Kaluza fürs Dialektcoaching
Daniela Boltres für die *mecanici de tren*
Milly Zhou und Ma Yufeng für ihre Dolmetscherkünste
Li Quiang für die Havanna
Christian Y. Schmidt für seine Hilfe bei der Entzifferung der Orakelknochenschrift
Jürgen Schulz-Grobert für sachdienliche Hinweise zu Arno Schmidt
Wolfram Eilenberger, David Roesner, Carsjen van Schwartzenberg und Simone von Büren für Lektüre-empfehlungen und -geschenke
Finn Svensson für die Kartographie
Johanna Ruebel für die Fotos
Isabel für Galettes und Gesellschaft
Bo für Stockbrot und Kaffee
Alex, Pastor Gerd, Kalli und Johann, Kerim, Ahmed und allen anderen, die mir unterwegs Gesellschaft geleistet, mich mitgenommen, mit Getränken versorgt, ihr Wissen und ihre Zeit mit mir geteilt haben
Svenja, Ada, Samuel für alles

Verwendete und zitierte Werke

Simon Armitage: *Walking Home. Travels With a Troubadour On The Pennine Way*. London: Faber & Faber, 2012.

Walter Benjamin: «Frische Feigen». In: *Gesammelte Schriften*. Frankfurt am Main: Suhrkamp, 1972–1999: IV, 374–75.

Ders.: «Paris, die Hauptstadt des XIX. Jahrhunderts». In: *Illuminationen*. Frankfurt am Main: Suhrkamp, 1977: 170–184.

Ders.: «Zentralpark». In: *Illuminationen*. A. a. O.: 230–250.

Thomas Bernhard: *Gehen*. Frankfurt am Main: Suhrkamp, 1971.

Jan Böttcher: *Nachglühen*. Berlin: Rowohlt Berlin, 2008.

Jerry Brotton: *A History of the World in Twelve Maps*. New York: Viking, 2013 (Übers. des Autors).

John Bunyan: *The Pilgrim's Progress from This World to That Which Is to Come*. London: Penguin, 1996.

Zora del Buono: *Das Leben der Mächtigen. Reisen zu alten Bäumen*. Berlin: Matthes & Seitz, 2015.

Elias Canetti: *Masse und Macht*. Frankfurt am Main und Wien: Büchergilde Gutenberg, 1978.

Michel Eltchaninoff: «Genieße deine Dauer». In: *Philosophie Magazin* 05/2016: 54–57.

Frédéric Gros: *Unterwegs. Eine kleine Philosophie des Gehens*. München: Riemann, 2010.

Michael Holzach: *Deutschland umsonst. Zu Fuß und ohne Geld durch ein Wohlstandsland*. Hamburg: Atlantik, 2015.

Max Horkheimer / Theodor W. Adorno: «Mensch und Tier». In: Roland Borgards, Esther Köhring und Alexander Kling, Hrsg.: *Texte zur Tiertheorie*. Stuttgart: Reclam, 2015: 104–116.

Jörn Klare: *Nach Hause gehen. Eine Heimatsuche*. Berlin: Ullstein, 2016.

Laozi: *Daodejing*. Eine Übertragung von Jan Philipp Reemtsma. München: C.H. Beck, 2017.

Robert Macfarlane: *The Wild Places*. London: Granta, 2007 (Übers. des Autors).

Michel de Montaigne: «Über dreierlei Umgang». In: *Essais*. Erste moderne Gesamtübersetzung von Hans Stilett. 3 Bände. Frankfurt am Main: Eichborn, 1998: III, 56–74.

Pierre Nora: *Zwischen Geschichte und Gedächtnis*. Berlin: Klaus Wagenbach, 1997.

Arno Schmidt: «Der Sonn' entgegen …«. In: *Studienausgabe*. 3 Bände. Zürich: Arno Schmidt Stiftung im Haffmans Verlag, 1987: III, 293–311.

Michel Serres: *Das eigentliche Übel. Verschmutzen, um sich anzueignen?* Berlin: Merve, 2009.

Ders.: «Ich denke mit den Füßen». Michel Serres im Gespräch mit Martin Legros. In: *Philosophie Magazin* 05/2016: 68–73.

Peter Sloterdijk: *Du musst dein Leben ändern. Über Anthropotechnik*. Frankfurt am Main: Suhrkamp, 2009.

Rebecca Solnit: *Wanderlust. A History of Walking*. London: Granta, 2014 (Übers. des Autors).

Edna St. Vincent Millay: «Frühling». In: *Die Entdeckung Amerikas. Rudolf Borchardt und Edna St. Vincent Millay: Gedichte, Übertragungen, Essays*. München: Lyrik Kabinett, 2004.

Henry David Thoreau: *Vom Wandern*. Horn am Externsteine: Verlag der Manufactur, 1983.

Jan Wagner: «giersch». In: *Regentonnenvariationen*. Berlin: Hanser Berlin, 2014: 7.

Erik Wegerhoff: «Realitätsraum Geschwindigkeit. Die Nurautostraße». In: Erik Wegerhoff (Hrsg.): *On the Road – Über die Straße. Automobilität in Literatur, Film, Musik und Kunst*. Berlin: Klaus Wagenbach, 2016: 133–53.

Florian Werner: «62Sm». In: *Helium und Katzengold. 92 elementare Geschichten*. Zürich: Nagel & Kimche, 2014: 143–44.

Was ich auf dem Weg des geringsten Widerstands gelernt habe

1.

Man kommt auf dem WdgW unglaublich langsam voran. In Zeiten, in denen Menschen für ein Business-Lunch nach London fliegen oder für ein Wochenende nach Barcelona, muss es grotesk erscheinen, wenn man nach siebzehn Tagen mit Blut, Schweiß und Schmerztabletten gerade einmal die Distanz von Berlin nach Bremervörde bewältigt hat.

2.

Es ist gut, diese Langsamkeit zu spüren. Suhle dich darin wie ein Wildschwein in einer Moorlake.

3.

Mach immer nur einen Schritt auf einmal. Und dann noch einen. Und dann noch einen. Und dann ungefähr 30 000 weitere. Täglich.

4.

Widme jedem Schritt so viel Aufmerksamkeit, als wäre er dein vorvorvorvorvorvorvorvorvorvorvorvorvorvorvorvorvorvorvorletzter.

5.

Verfahre in allen Dingen so.

6.

Denk daran: Es gibt immer 7,4 Milliarden Alternativen. Die Kunst besteht darin, eine davon zu wählen. Und nicht zu bereuen, dass man sich gegen die anderen 7 399 999 999 entschieden hat.

7.

Ein Düker ist eine Druckleitung, um Wasser unter einer Straße, einem Fluss oder anderen Hindernissen hindurch zu leiten.